中医药院校数字化创新教材

供中医、中医康复保健、康复治疗技术等专业使用

推拿手法实训指导

主　编：张美林

副主编：杜本贵　李　川

编　者（按姓氏汉语拼音排序）

杜本贵　李　川　李建勇

罗振国　王海卫　谢伶俐

袁忠亮　张美林　张文华

科学出版社

北　京

内 容 简 介

本书依据全国医学院校卫生职业教育中医药类专业规划教材《推拿学》、《推拿手法》编写，是中医、中医康复保健等专业基础理论课程《推拿学》的配套实训教材，由具有教学、临床工作经验丰富的专家教授高级技师共同编写而成。该实训教材充分把握中医药职业教育和职业培训特点，以手法技能技巧训练为重点，注重传承性、规范性和实用性。该实训教材共五部分，实训一为基本手法训练，包含六大类基本手法；实训二是复合类手法及其他手法；实训三是踩跷法训练；实训四是人体各部位推拿操作训练，分头面部、颈项部、胸腹部、腰背部、上肢部、下肢部等六部分；实训五是人体各部位操作组合训练。

本实训课程建议50学时，根据专业及教材不同可供加减，主要适用于中医、中医康复保健、康复治疗技术等专业。

图书在版编目（CIP）数据

推拿手法实训指导 / 张美林主编 .—北京：科学出版社，2016.8
中医药院校数字化创新教材
ISBN 978-7-03-049280-7

Ⅰ. 推… Ⅱ. 张… Ⅲ. 推拿 - 中医学院 - 教材 Ⅳ. R244.1

中国版本图书馆 CIP 数据核字（2016）第 150898 号

责任编辑：张映桥 / 责任校对：李　影
责任印制：徐晓晨 / 封面设计：铭轩堂

科学出版社 出版
北京东黄城根北街16号
邮政编码：100717
http://www.sciencep.com
北京虎彩文化传播有限公司 印刷
科学出版社发行　各地新华书店经销
*
2016年8月第　一　版　开本：787×1092　1/16
2021年1月第五次印刷　印张：6 1/2
字数：154 000

定价：43.80元

（如有印装质量问题，我社负责调换）

编写说明

《推拿手法实训指导》是依据全国医学院校卫生职业教育中医药类专业规划教材《推拿学》、《推拿手法》编写的，是中医、中医康复保健等专业基础理论课程《推拿学》的配套实训教材，由具有教学、临床工作经验丰富的专家教授高级技师共同编写而成。该实训教材充分把握中医药职业教育和职业培训特点，以手法技能技巧训练为重点，注重传承性、规范性和实用性。减少实训的盲目性和随意性。便于初学者学习和掌握本书配套有数字化视频资源，在“爱医课”APP同步上线。学生可通过手机APP免费下载电子书，扫描书中插图，即可观看相关知识点操作技术视频。

该实训教材共五部分，实训一为基本手法训练，包含六大类基本手法；实训二是复合类手法及其他手法；实训三是踩跷法训练；实训四是人体各部位推拿操作训练，分头面部、颈项部、胸腹部、腰背部、上肢部、下肢部等六部分；实训五是人体各部位操作组合训练。每一部分均由实训前准备和手法实训内容组成。手法实训部分由动作要领、操作方法、注意事项、技能训练等四方面组成。其中动作要领、操作方法、技能训练三方面是本实训教材特色，动作要领高度概括手法操作要点，操作方法分条分点简述，条理清楚，并配有图片及视频二维码链接，方便学生自主学习；技能训练内容罗列成条，简单明了，操作思路清晰，避免大段文字赘述。本实训课程建议50学时，根据专业及教材不同可供加减，主要适用于中医、中医康复保健、康复治疗技术等专业。

本实训教材的编写避免了不必要的简单重复，防止了重要内容疏漏，打破了过去“深而广、多而全”的面面俱到观念，突出了“够用、实用、好用”的特点。但因编写时间仓促，水平有限，难免有不足之处，望各位师生在使用过程中提出宝贵意见，以便后续版本修订完善。

编　者

2016年6月

目 录

实训一　基本手法训练

第 1 节　实训前准备

一、场地准备

光线充足，通风，室温、湿度适宜，地面干净。

二、物资准备

推拿介质（滑石粉、冬青膏等）、治疗巾、推拿床、圆凳、沙袋或米袋等。

三、人员准备

工作服干净整洁，妆面清淡自然，长发束扎，手部清洁，修剪指甲，不佩戴饰物，忌穿高跟鞋以及受术者合适的体位及操作部位的准备。

第 2 节　摆动类手法

一、一指禅推法

【动作要领】

沉肩，垂肘，悬腕，指实掌虚，紧推慢移。

【操作方法】

（一）一指禅指峰推法

- 术者拇指指端着力，吸定于沙袋中部，其余四指自然屈曲握空拳。
- 腕关节自然屈曲接近 90°，沉肩，垂肘，悬腕，前臂主动摆动，带动腕关节有节律摆动。

➢ 摆动中拇指指间关节自然伸直与屈曲交替，沉紧推动并缓慢移动。

图 1-1　一指禅指峰推法

（二）一指禅偏峰推法

➢ 术者沉肩，垂肘，拇指桡侧缘偏峰着力、吸定于沙袋中部，拇指伸直并内收，其余指间关节及掌指关节自然散开。

➢ 腕关节微屈或自然伸直，紧推慢移，其运动过程同一指禅指峰推法。

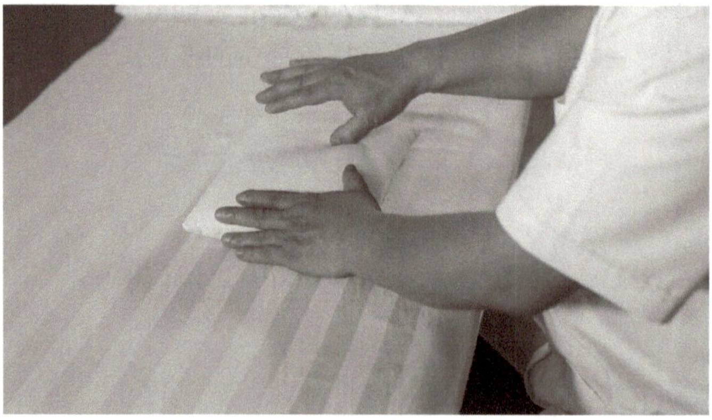

图 1-2　一指禅偏峰推法

（三）一指禅屈指推法

➢ 术者肘关节微屈，腕关节放松，四指自然握拳，拇指指端顶于食指中节桡侧上或指背上，以拇指指间关节突起着力、吸定于沙袋中部。

➢ 以肘关节为支点，通过前臂主动摆动，带动腕关节自然摆动。

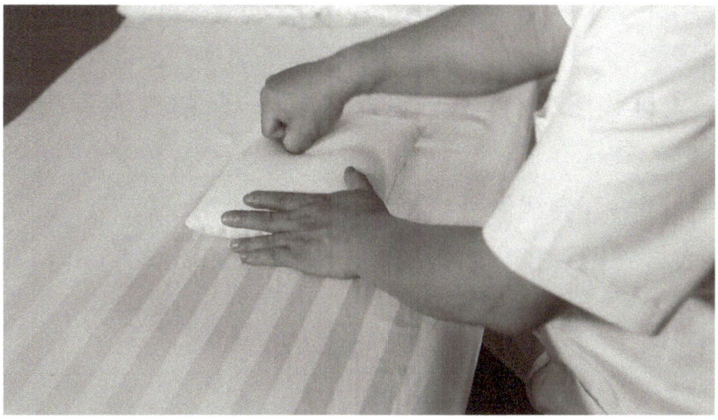

图 1-3　一指禅屈指推法

【注意事项】

➤ 摆动频率每分钟 120 ～ 160 次。

➤ 定点操作要吸定不可滑动或跳跃，不可拙力下压，以免造成拇指韧带损伤。移动时要在吸定的基础上做到紧推慢移。

➤ 操作时着力部位的压力变化、摆动幅度要均匀，动作灵活，操作频率均等。

【技能训练】

（一）沙袋练习

1. 定点练习

✧先在沙袋左右旁中线中点，进行各种一指禅推法定点练习。熟练后再双手同步定点练习。

2. 走线练习

✧双手从沙袋的下端→上端→下端，如此往返，边推边走，紧推慢移，进行各种一指禅推法走线练习。熟练后再双手同步练习。

（二）人体练习

1. 定点练习

✧选肩井、心俞、合谷等穴进行一指禅指峰推法练习。

✧选太阳、中脘等穴练习一指禅偏峰推法。

✧选胸背腰等部位练习一指禅屈指推法。

✧双手拇指偏峰在左右鱼腰穴上做双手同步蝴蝶双飞式定点练习。

✧双手拇指偏峰在左右风池穴上做双手同步蝴蝶双飞式定点练习。

2. 走线练习

✧沿风府→大椎线、大杼→膈俞线、肝俞→肾俞线做一指禅指峰推法走线练习。

✧沿印堂→神庭→百会线做一指禅偏锋推法走线练习。

✧沿风府→大椎线做一指禅屈指推法走线练习。

二、㨰　法

【动作要领】

前臂主动旋转或腕关节屈伸，或掌背㨰动，或前臂㨰动。

【操作方法】

（一）掌背㨰法

➤术者上身前倾，肩部下沉，肘关节屈伸夹角 130° ~ 150° 。

➤四指微屈，拇指自然伸直，无名指和小指的掌指关节屈曲约 90° ，以第五掌指关节背侧为主着力、吸定沙袋。

➤施加压力后，通过前臂主动旋转，带动腕关节屈伸，使着力处对施术部位产生㨰压性刺激。

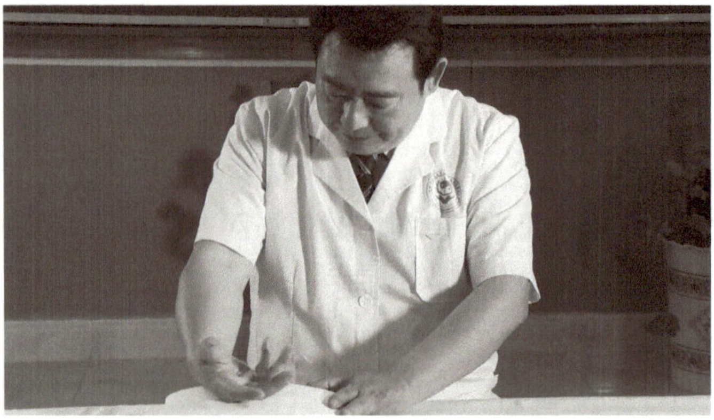

图 1-4　掌背㨰法

（二）拳㨰法

➤术者手握空拳，腕关节伸直并微屈向尺侧，以食指、中指、无名指及小指的

第一节背侧和掌指关节为着力、吸定沙袋。

➢ 施加压力后，通过前臂的摆动，带动腕关节屈伸，使着力处对施术部位产生㨰压性刺激。

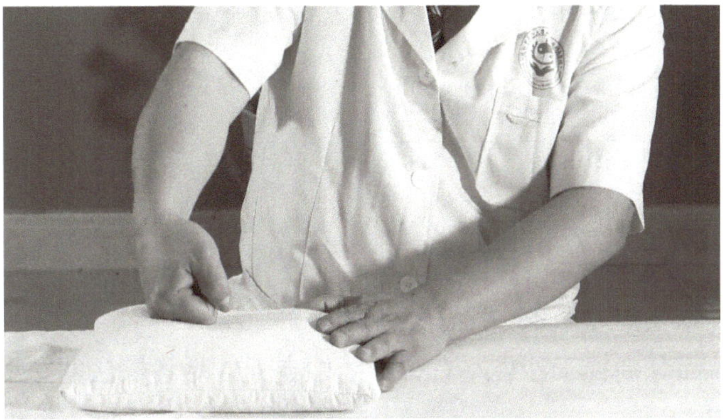

图 1-5　拳㨰法

（三）前臂㨰法

➢ 受术者俯卧位，术者立于一侧。

➢ 术者沉肩，屈肘关节约 90°，用前臂尺侧的后 1/3 肌肉丰厚处吸定受术者腰背部。

➢ 以肩关节为支点，上臂做主动摆动，带动前臂的旋转运动，使前臂在施术部位上来回往返㨰动。

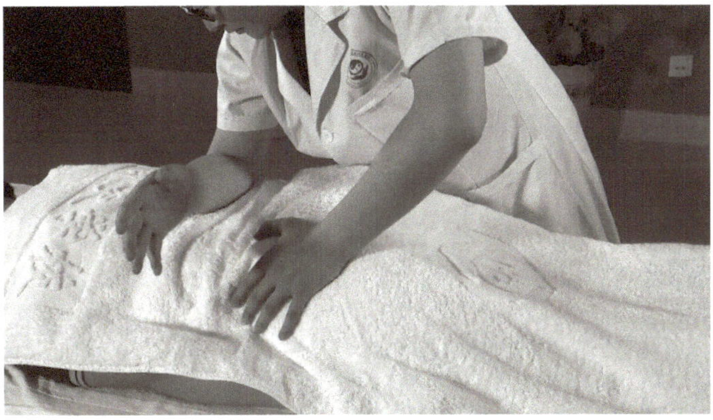

图 1-6　前臂㨰法

【注意事项】

➢ 操作频率每分钟 120 ～ 160 次。

➢操作时不要拖动或空转，应避免掌指关节骨突部与所施部位的骨突处猛烈撞击。

➢操作要柔和，忌生硬。腕关节屈伸幅度要够，并控制好腕关节的屈伸运动，避免出现折刀样的突变动作。

【技能训练】

（一）沙袋练习

1. 定点练习

✧在沙袋中轴线中点做各种㨰法定点练习。

✧双手着力面分别置于沙袋左右旁中线中点上，做各㨰法的同步定点练习。

2. 走线练习

✧沿沙袋中轴线，下→上，再上→下，反复往返做各㨰法单手走线练习。

✧双手分别沿沙袋左右旁中线，反复往返做各㨰法双手走线练习。

（二）人体练习

1. 定点练习

✧在肩井、脾俞、肾俞等穴处进行单手定点各㨰法练习。

✧双手在两肩井处进行双手同步定点㨰法练习。

2. 走线练习

✧沿其颈肩、腰背部㨰法练习。

✧沿其左侧肝俞→大肠俞线做㨰法走线练习。

✧双手在颈肩背部同步走线㨰法练习。

三、揉　法

【操作要领】

吸定皮肤，主动摆动，环旋揉动。

【操作方法】

（一）拇指揉法

➢受术者坐位，术者立于一侧。

➢ 术者拇指自然伸直，其余手指根据情况置于相对适合的位置以协助操作，肘关节屈微，以拇指螺纹面着力吸定受术者曲池穴。

➢ 以肘部为支点，通过前臂带动掌指作轻缓柔和的摆动，使拇指螺纹面在施术部位上做带动皮下深层组织的环旋揉动。

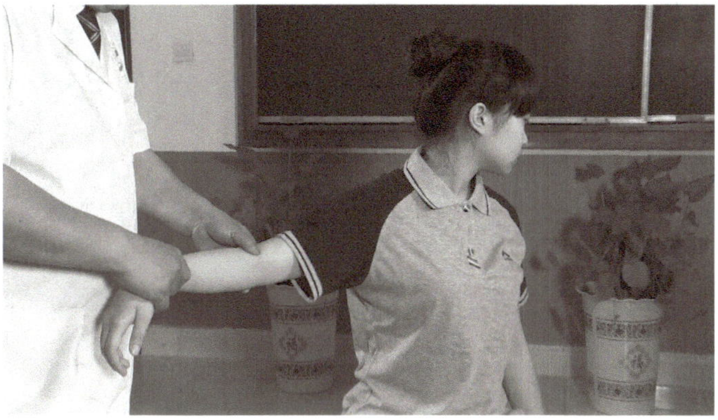

图 1-7 拇指揉法

（二）中指揉法

受术者仰卧位，术者坐于头侧。

术者中指伸直，食指置于中指远端指尖关节背侧上，以协助操作。

腕关节微屈，肘关节屈曲，中指螺纹面着力吸定受术者印堂穴。余运动方式同拇指揉法。

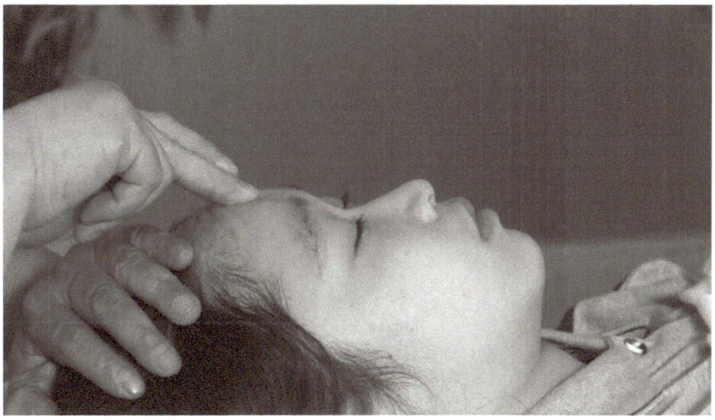

图 1-8 中指揉法

（三）多指揉法

➢ 受术者仰卧位，术者坐于头侧。

➢ 术者指用食指、中指、无名指三指的指腹为着力处吸定受术者面颊部。余同拇指揉法。

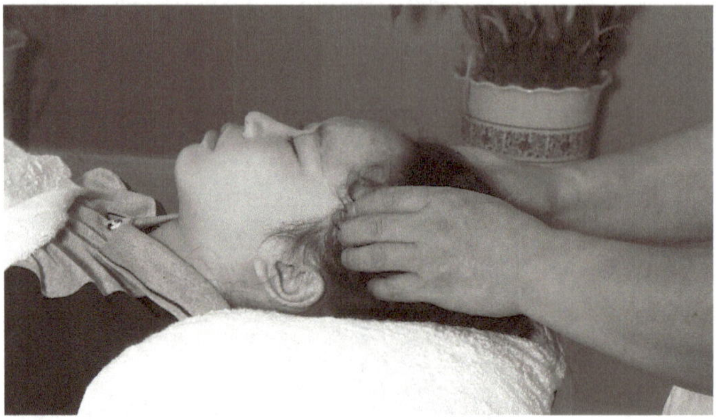

图 1-9　多指揉法

（四）大鱼际揉法

➢ 受术者仰卧位，术者坐于坐侧。

➢ 术者拇指伸直并内收，其余四指自然伸直，腕关节放松稍桡偏，肘关节屈曲，大鱼际在受术者前额部吸定着力。

➢ 以肘关节为支点，前臂做主动回旋摆动，带动腕掌环旋运动，使大鱼际带动皮下深层组织的环旋揉动。

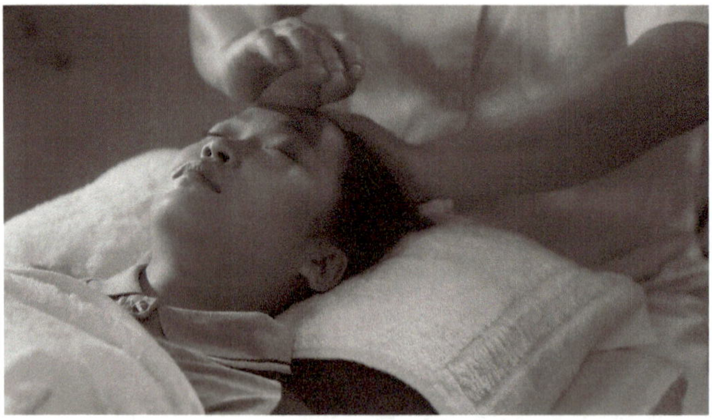

图 1-10　大鱼际揉法

（五）小鱼际揉法

➢ 受术者俯卧位，术者立于一侧。

➢ 术者拇指自然伸直，其余四指并拢，腕关节放松尺偏，肘关节屈曲，以小鱼际在受术者背部着力、吸定。

➤ 其操作方法同大鱼际揉法。

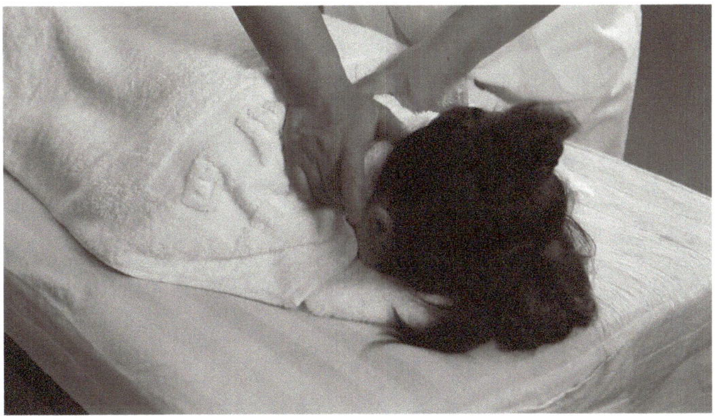

图 1-11　小鱼际揉法

（六）全掌揉法

➤ 受术者俯卧位，术者立于一侧。

➤ 术者手掌在受术者背部着力、吸定，以肘关节为支点，沉肩、屈肘、松腕，做轻柔缓和的环旋揉动，并带动皮下组织一起揉动。

（七）掌根揉法

➤ 受术者俯卧位，术者立于一侧。

➤ 术者五指自然伸直并拢，腕背伸，肘关节屈伸，掌根部在受术者背部着力、吸定。

➤ 以肘关节为支点，前臂主动回旋摆动，带动皮下深层组织的环旋揉动。

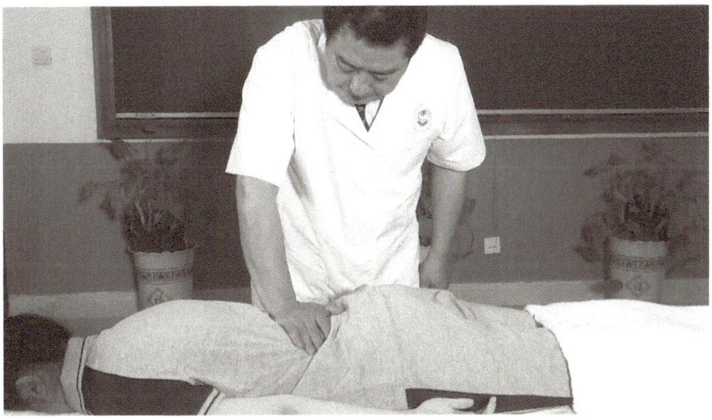

图 1-12　掌根揉法

（八）肘揉法

- 受术者俯卧位，术者立于一侧。
- 术者屈肘呈锐角，上身微侧倾向同侧，肘尖在受术者腰骶部着力、吸定。
- 肩关节支点，上臂主动回旋摆动，带动皮下深层组织环旋揉动。

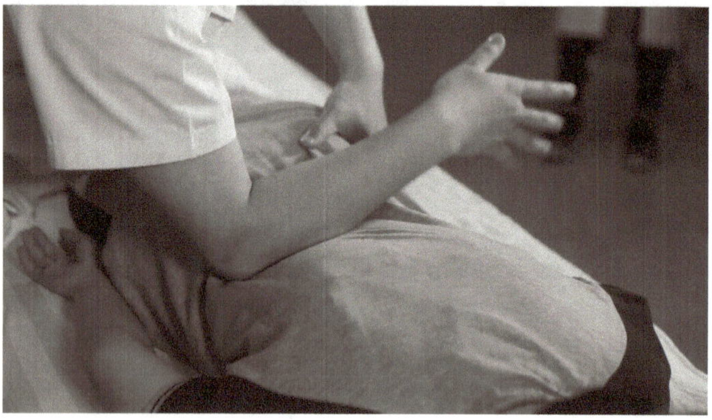

图 1-13　肘揉法

【注意事项】

- 切忌皮动肉不动，不可在体表摩擦，或压力过大而无法揉动。
- 大鱼际揉法操作过程中，腕关节须放松，自由活动。
- 揉动时缓慢移动，不可出现跳跃现象。
- 操作须连贯、均匀、协调。

【技能训练】

（一）沙袋练习

1. 定点练习

在沙袋轴线中点，做各种揉法单手定点练习。

2. 走线练习

沿沙袋中轴线，自下→上，再由上→下，反复往返进行各种揉法单手走线练习。

（二）人体练习

1. 定点练习

- 在外劳宫、合谷穴上练习中指揉和拇指揉等法。
- 腰背部膀胱经上掌根揉、掌揉；选腰眼、环跳等穴位练习肘揉法。

2. 走线练习

✧沿额中线即印堂→神庭线，上下往返，做拇指揉法、中指揉法走线练习，面部、颈项等部位进行多指揉法练习。

✧腰背部膀胱经线上，上下往返，做掌揉、大鱼际揉法、小鱼际揉法走线练习。

第3节　摩擦类手法

一、摩　法

【操作要领】

环形摩动，皮动肉不动。

【操作方法】

（一）指摩法

➢受术者仰卧位，术者立于一侧。

➢术者腕关节微曲，单指（食指或者中指）或多指伸直并拢的指面着力于受术者中脘穴，余手指自然弯曲。

➢以肩关节为主要支点，上臂摆动和肘关节屈伸，带动前臂和掌指回旋摆动，指面在体表进行环形摩动。

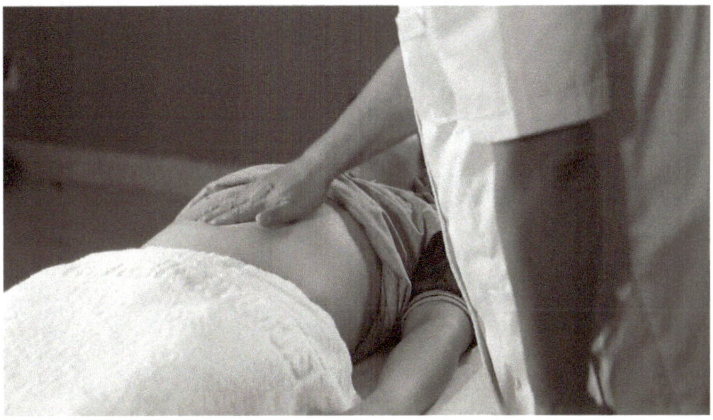

图 1-14　指摩法

（二）单掌摩法

➢受术者仰卧位，术者立于一侧。

➢ 术者腕关节放松略背伸，五指自然并拢伸直，手掌掌心着力于受术者腹部。

➢ 以肩周、肘关节的运动带动手掌做环形摩动。

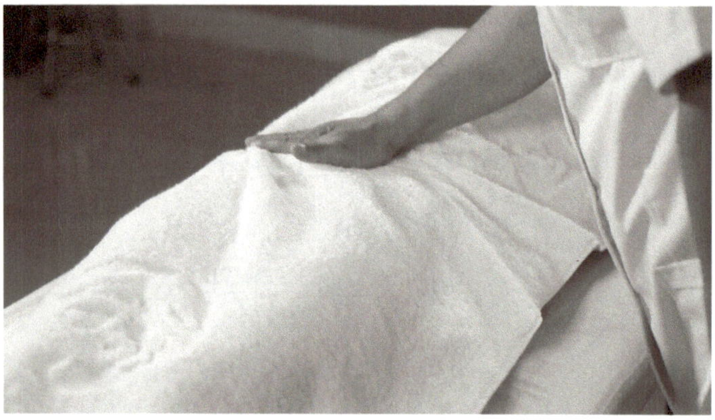

图 1-15 单掌摩法

（三）双掌摩法

➢ 受术者仰卧位，术者立于一侧。

➢ 术者双手腕关节放松略背伸，五指自然并拢伸直，双手掌掌心着力于受术者腹部。

➢ 左手始终贴于体表不起手，右手从左手尺侧落下跟随左手换转近一圈时，再从左手桡侧抬起避开左手后，从左手尺侧落下去，如此反复操作。

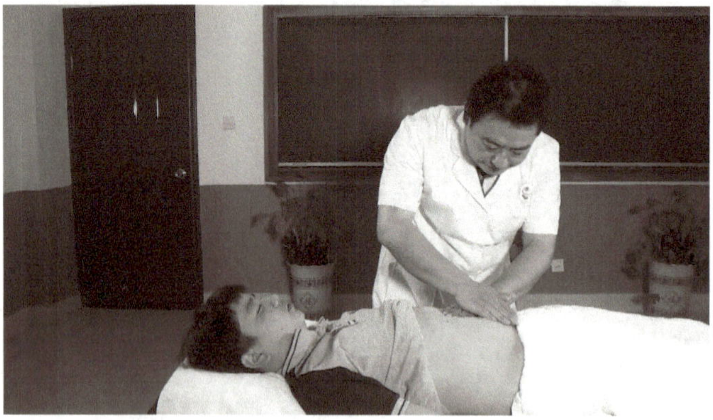

图 1-16 双掌摩法

【注意事项】

➢ 摩法的频率为每分钟 100 ~ 120 次左右。

➢ 摩动的压力、速度要均匀、适当。

➢ 指摩法时腕关节要保持一定的紧张度，掌摩法时则腕关节要放松。

【技能训练】

（一）沙袋练习

在沙袋中央做指、掌摩法练习。

（二）人体练习

✧ 以面部，及中脘、关元等穴常做指摩法。
✧ 以肚脐为中心，做顺时针或逆时针方向单掌或双掌摩腹。

二、擦　法

【操作要领】

贴实体表，直线往返推动，透热为度。

【操作方法】

（一）掌擦法

➢ 受术者俯卧位，术者立于一侧。

➢ 术者肘关节微屈，腕关节略背伸，五指并拢伸直，手掌着力于受术者背部膀胱经。

➢ 以肩关节为支点，上臂主动做前后摆动，肘关节屈伸，带动掌面在体表进行快速直线往返摩擦。

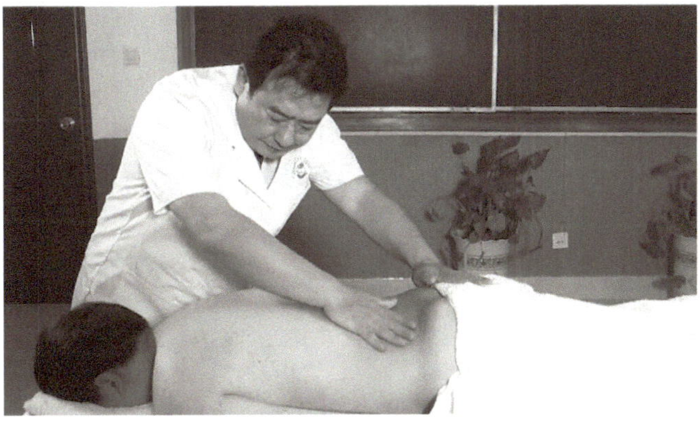

图 1-17　掌擦法

（二）大鱼际擦法

➢ 受术者坐位，术者立于一侧。

➢ 术者肘关节微屈，五指并拢，手掌略内翻，以大鱼际在受术者前臂着力进行快速直线往返摩擦，余操作同掌擦法。

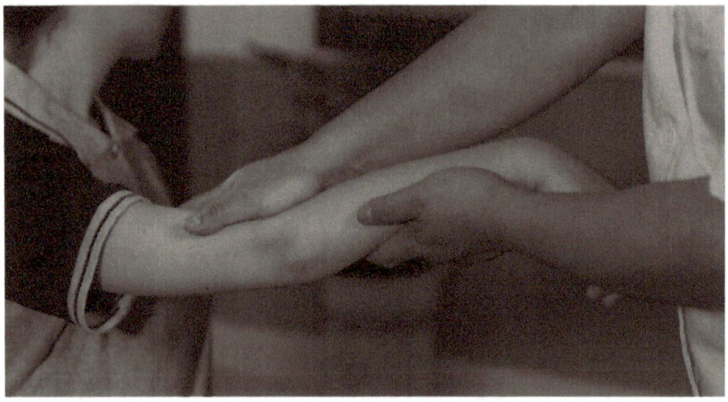

图 1-18 大鱼际擦法

（三）小鱼际擦法

➢ 受术者俯卧位，术者立于一侧。

➢ 术者肘关节微屈，五指并拢，手掌外翻矢状位，以小鱼际尺侧面在受术者腰骶部着力进行快速直线往返摩擦，余操作同掌擦法。

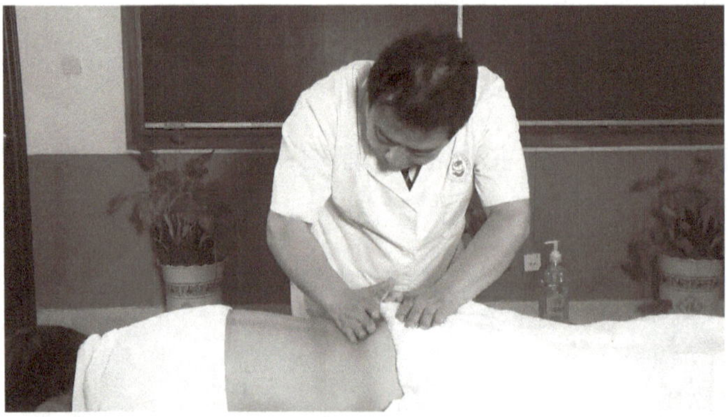

图 1-19 小鱼际擦法

（四）四指擦法

➢ 受术者俯卧位，术者立于一侧。

➢ 术者食指、中指、无名指、小指四指并拢，拇指分开，以四肢指节部位在受术者颈肩着力进行快速直线往返摩擦，余操作同掌擦法。

【注意事项】

- 擦法为直线运动，不可扭曲歪斜。
- 操作全程要贴实体表，压力均匀，来回都要用力，以透热为度。
- 术者自然呼吸，不可屏气。
- 注意保护皮肤，防止擦破，可使用介质以保护皮肤，增强手法效应。
- 根据季节环境特点，注意保暖。

【技能训练】

（一）沙袋训练

沿沙袋中轴线做直线往返大、小鱼际擦法、掌擦法、四指擦法练习。

（二）人体练习

- 四指擦法擦耳前耳后。
- 掌擦法横擦肩背部、腰部、骶部。
- 小鱼际擦法、掌擦法在背部督脉、脊柱两侧进行纵向擦法练习。
- 小鱼际擦法横擦腰骶八髎穴。

三、推　　法

【操作要领】

紧贴皮肤，单向直线推动。

【操作方法】

（一）拇指推法

- 受术者俯卧位，术者立于一侧。
- 术者四指并拢伸直，拇指伸直，相对分开。
- 拇指螺纹面（或其螺纹面偏桡侧）着力于受术者背部膀胱经，四指置于其前外方协助操作。
- 四指与体表接触为支点，通过臂腕部主动施力带动拇指，使拇指螺纹面（或其螺纹面偏桡侧）进行单方向直线推动。

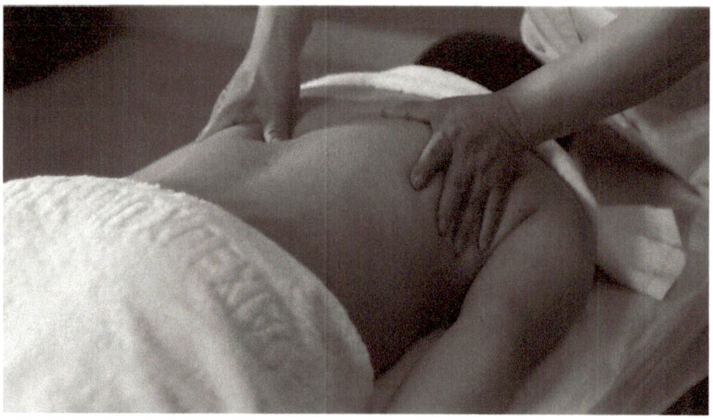

图 1-20　拇指推法

（二）掌推法

➢ 受术者俯卧位，术者立于一侧。

➢ 术者五指并拢伸直，腕关节略背伸，肘关节屈曲，肩关节后伸。

➢ 手掌或掌根部在受术者背部着力，另一手置于一侧以辅助操作。

➢ 以肩关节为支点，上臂主动向前施力并伸肘关节，带动掌根部做单方向直线推动。

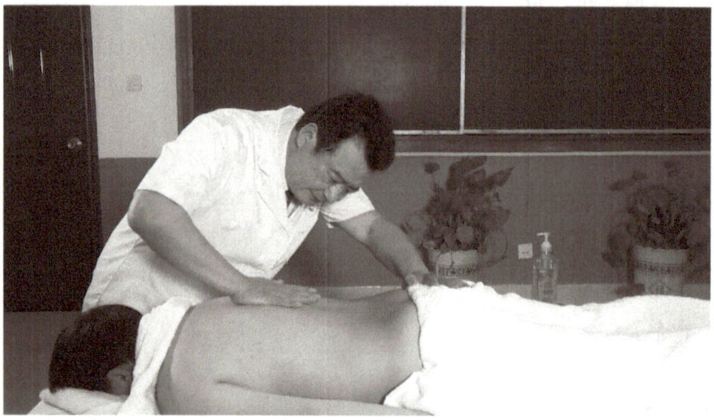

图 1-21　掌推法

（三）拳推法

➢ 受术者俯卧位，术者立于一侧。

➢ 术者手握实拳，腕关节背伸，肘关节屈曲。

➢ 四指中节指背面和第一指间关节突起在受术者背部着力，另一手置于侧方协助操作。

➢ 以肩关节为支点，上臂主动向前施力并伸肘关节，带动着力处做单方向直线推动。

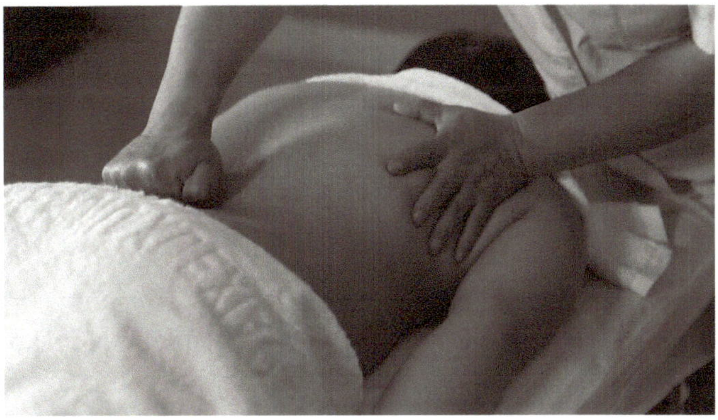

图 1-22　拳推法

（四）肘推法

➢ 受术者俯卧位，术者立于一侧。

➢ 术者屈肘呈锐角，手微握拳，上半身稍前倾。

➢ 肘尖在受术者背部着力，另一手握紧施术侧拳面协助操作或放置肘部辅助固定。

➢ 以肩关节为支点，上身稍前倾，上臂主动摆动，同时另一侧上肢协助用力，带动着力处做单方向直线推动。

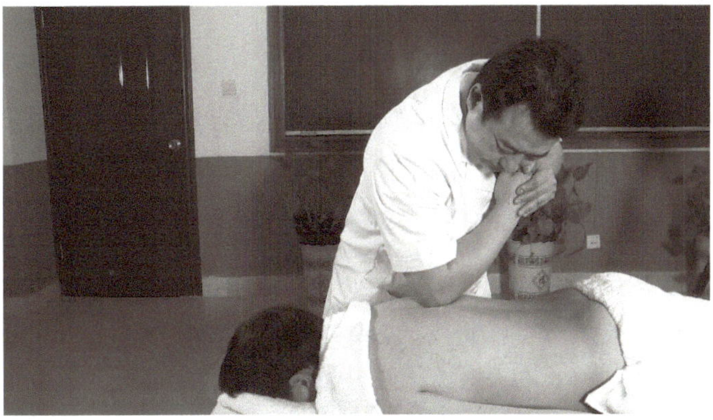

图 1-23　肘推法

【注意事项】

推法操作时，着力部要紧贴体表，压力、速度要均匀，肘推易慢。

用力较重时，可使用推拿介质，利于手法操作，防止推破皮肤。

【技能训练】

（一）沙袋练习

一手辅助，另一只手在沙袋上练习拇指推法、掌推法、拳推法、肘推法等手法练习。

（二）人体练习

✧拇指推印堂 - 神庭线；拇指分推额部；两拇指同时推华佗穴夹脊线。
✧掌推大椎→长强、背部膀胱经。
✧单拳或双拳推腰背部。
✧肘推背部膀胱经。

四、抹　法

【操作要领】

直线或弧线，单向或往返，重而不滞，轻而不浮。

【操作方法】

（一）指抹法

➢受术者仰卧位，术者坐于头侧。

➢术者腕关节自然伸直，拇指伸直，其余四指自然并拢置于颞部协助操作，拇指螺纹面着力于受术者额部正中线两侧。

➢以腕关节为支点，臂腕部主动摆动，带动拇指，使拇指螺纹面做上下或左右，直线或弧线往返抹动。

图 1-24　指抹法

（二）掌抹法

➢ 受术者仰卧位，术者坐于头侧。

➢ 术者肘关节微屈，腕关节略背伸，五指并拢伸直，手掌着力受术者面颊部。

➢ 以肩关节为支点，通过上臂的摆动，带动手掌做前后左右往返直线或弧线抹动。

【注意事项】

➢ 操作时着力面要紧贴皮肤，动作和缓灵活。

➢ 用力均匀适中，过轻则手法飘浮，抹而无功，过重则手法重滞，失去灵活性。

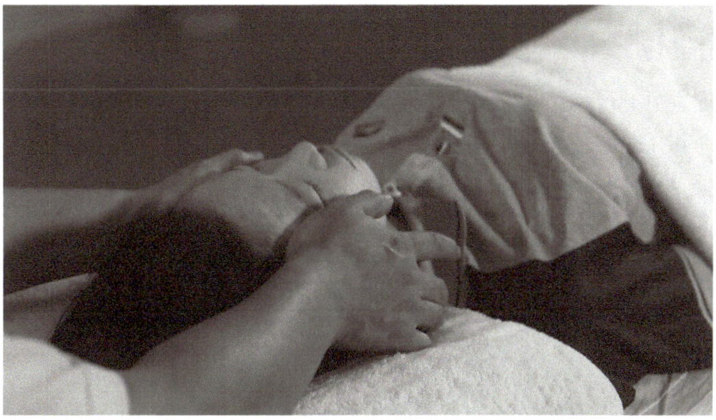

图 1-25　掌抹法

【技能训练】

（一）沙袋练习

➢ 先单手拇指螺纹面着力，在沙袋上沿前后或左右方向，做直线或弧线、往返指抹法练习。熟练后再双手同步练习。

➢ 先单手掌面着力，在沙袋做前后或左右方向直线或弧线、往返掌抹法练习。熟练后再双手同步练习。

（二）人体练习

➢ 沿印堂→神庭线做指抹法练习；额正中线→两侧太阳指抹法练习；分抹眉弓（攒竹→鱼腰→丝竹空）。

➢ 风池→肩井穴，做掌抹法（大鱼际或掌根着力）。

➢ 双手拇指螺纹面或手掌面着力，沿胸腹自上而下进行双手交替抹法；或由胸腹正中线，自上而下同时向两侧做分抹法。

五、搓　法

【操作要领】

相对夹持、快搓慢移。

【操作方法】

（一）夹搓法

➢ 受术者端坐位，术者立于一侧。

➢ 术者肘关节屈曲，双手五指自然并拢伸直，腕关节背伸。

➢ 双手掌面着力夹住肢体。

➢ 以肩、肘关节为支点，双手掌面做相反方向、快速的搓动。

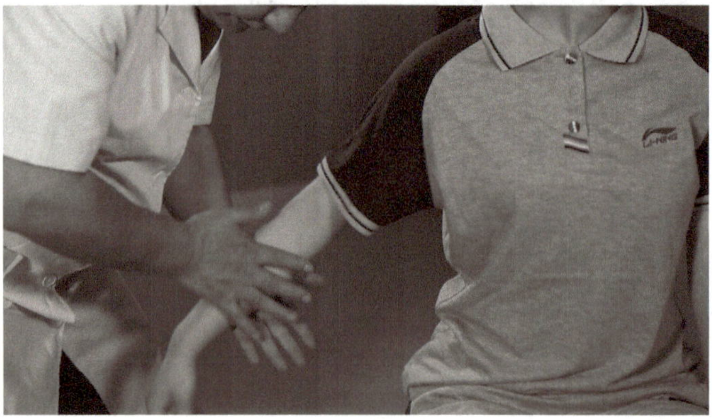

图 1-26　夹搓法

（二）滚搓法

➢ 受术者仰卧位，术者立于一侧。

➢ 肘关节屈曲，五指自然并拢伸直，腕关节略背伸，

➢ 单掌或双掌面着力受术者一侧上肢。

➢ 以肩、肘关节为支点，前臂与上臂主动施力，带动掌面滚搓。

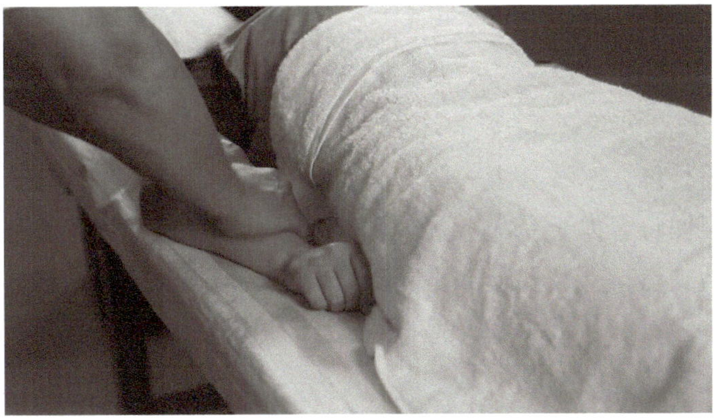

图 1-27　滚搓法

【注意事项】

- 夹搓法双手用力要对称，施力不可过重。
- 不可屏气操作，频率约每分钟 200 次左右。
- 做到“快搓慢移”，即搓动的频率要快，上下移位要慢。

【技能训练】

（一）沙袋练习

平时可将沙袋竖立，在沙袋上进行各种搓法练习。

（二）人体练习

- 在上肢进行夹搓法。
- 在下肢进行滚搓法。

第 4 节　挤压类手法

一、按　法

【动作要领】

垂直按压，逐渐用力，按而留之。

【操作方法】

（一）指按法

- 受术者俯卧位，术者立于一侧。
- 术者指腹伸直着力于受术者腰夹脊穴，其余手指自然弯曲，腕关节伸直。
- 肩关节为支点，上肢和腕部协同垂直向下缓慢按压。
- 受术者有酸、麻、重、胀等感觉后，术者施力维持一段时间，后缓慢收力。
- 反复多次有节奏的按压。

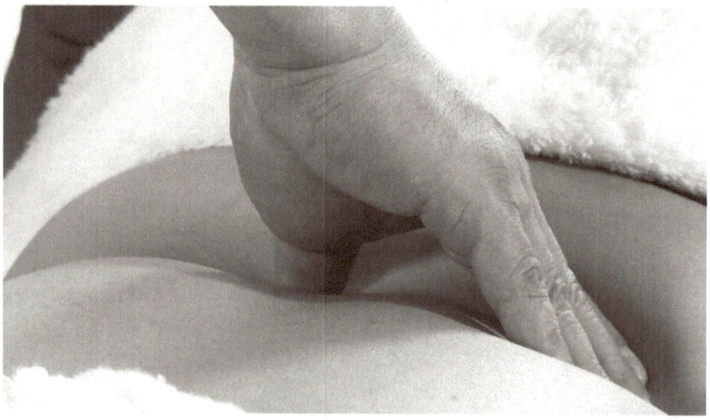

图 1-28　指按法

（二）掌按法

- 受术者俯卧位，术者立于一侧。
- 术者双脚踮起，身体前倾，上肢伸直，以肩关节为支点。
- 掌根或全掌着力于受术者腰骶部，上臂发力，垂直向下按压体表。叠掌按压时将一手掌重叠于另一手背，躯干发力。
- 受术者有酸、麻、重、胀等感觉后，术者施力维持一段时间，后缓慢收力。

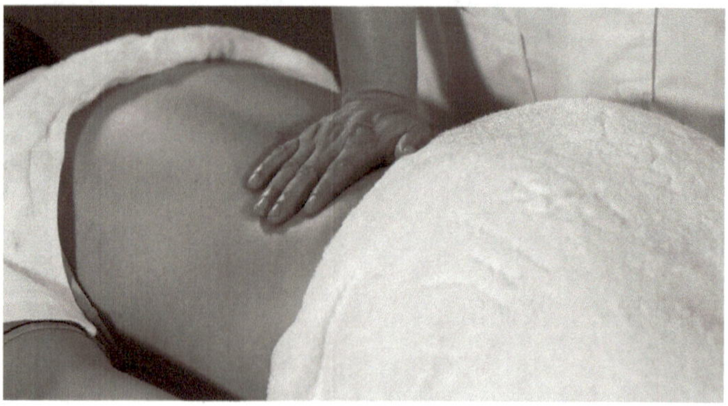

图 1-29　掌按法

（三）肘按法

- 受术者俯卧位，术者立于一侧。
- 术者上身前倾，躯干发力，以肩关节为支点。
- 前臂尺侧上端近肘关节部着力于受术者腰眼部。由轻至重垂直按压体表。
- 受术者有酸、麻、重、胀等感觉后，术者施力维持一段时间，后缓慢收力。

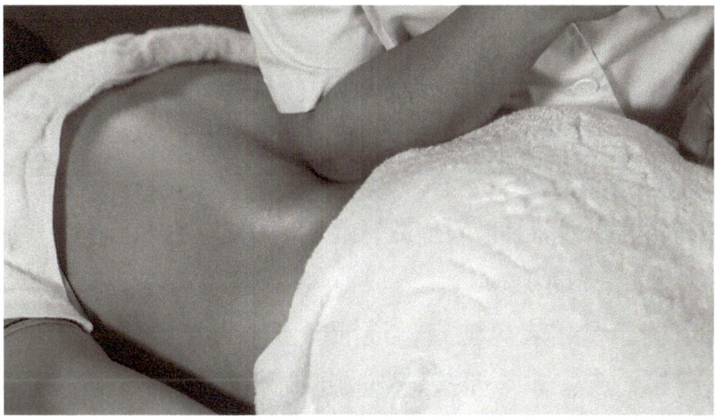

图 1-30　肘按法

【注意事项】

- 按压力量大小和时间长短应根据受术者体质和病情改变。一般按压力量大则时间宜短，反之力量小则时间稍长。
- 肘按法不要用尺骨鹰嘴操作。
- 用力平稳，由轻到重平稳加压，再由重到轻逐渐减压，忌用暴力。

【技能训练】

（一）沙袋练习

- 定点练习

左手辅助固定，右手在沙袋中央定点练习。也可双手在沙袋左右两边同步定点练习。

（二）人体练习

- 定点练习

✧选肩井、足三里进行指按法练习。

✧选背腰部进行掌按法。

✧选取环跳穴进行肘按法练习。

二、点　　法

【动作要领】

垂直点压，逐渐用力，点而留之。

【操作方法】

（一）拇指端点法

➢ 受术者端坐位，术者立于一侧。

➢ 术者身体协同肘关节屈伸，腕关节微屈，手握空拳，拇指紧靠食指中节（或手掌张开，余四指固定辅助）。

➢ 拇指指端着力于受术者风池穴，逐渐向下垂直按压。

➢ 受术者有酸、麻、重、胀等感觉后，术者施力维持一段时间，后缓慢收力。

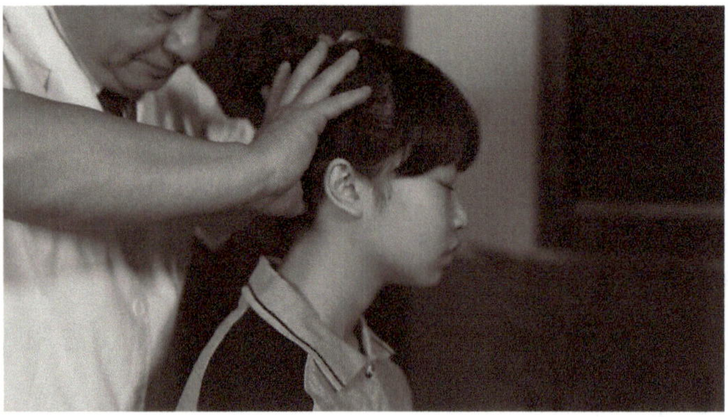

图 1-31　拇指端点法

（二）屈拇指点法

➢ 受术者俯卧位，术者立于一侧。

➢ 术者拇指屈曲，余指自然散开或扣拳，拇指指甲背部抵于食指中节。

➢ 以拇指指间关节桡侧处在受术者天宗穴处着力。

➢ 肘关节为支点，前臂加力。

➢ 受术者有酸、麻、重、胀等感觉后，术者施力维持一段时间，后缓慢收力。

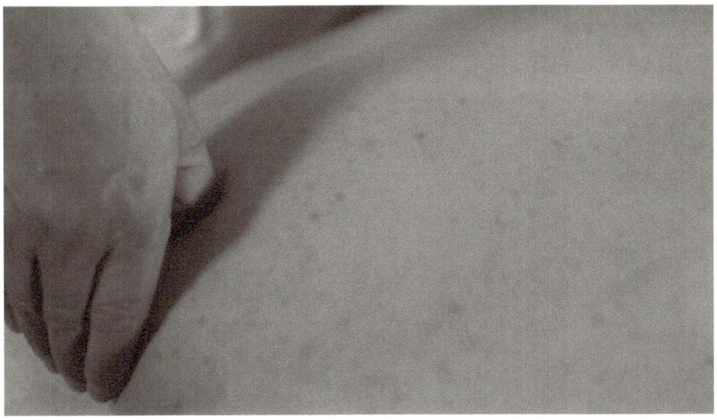

图 1-32　屈拇指点法

（三）屈食指点法

- 受术者俯卧位，术者立于一侧。
- 术者食指屈曲，扣拳，拇指螺纹面贴于食指指甲处。
- 以食指第一节指间关节背部突起处着力受术者涌泉穴。
- 肘关节为支点，前臂加力。
- 受术者有酸、麻、重、胀等感觉后，术者施力维持一段时间，后缓慢收力。

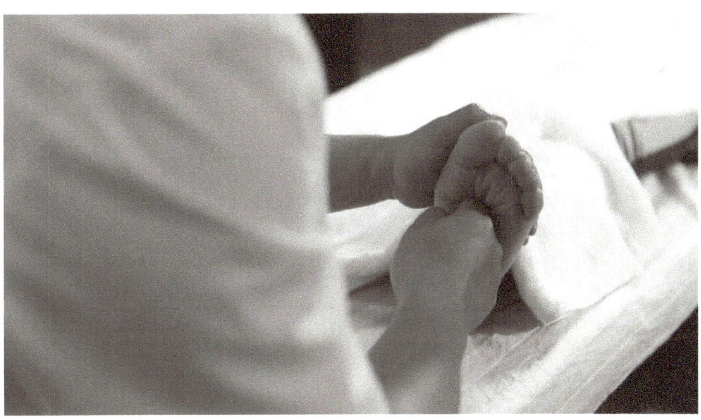

图 1-33　屈食指点法

（四）肘尖点法

- 受术者俯卧位，术者立于一侧。
- 术者手握空拳，肘关节屈曲，拳心向胸。
- 以肘尖部着力于受术者环跳穴。
- 另一手屈肘，以掌按住下面的拳，身体前倾，肩关节为支点，肩及躯干发力，逐渐垂直向下按压。

➢ 受术者有酸、麻、重、胀等感觉后，术者施力维持一段时间，后缓慢收力。

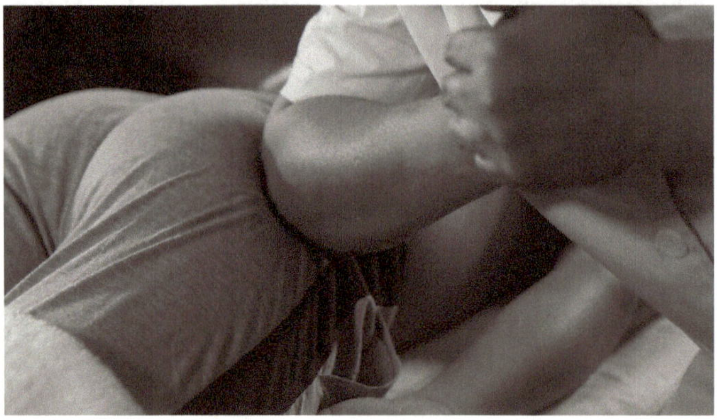

图 1-34 肘尖点法

【注意事项】

➢ 点压方向要垂直于受术部位。
➢ 操作时注意保护术者的手指，同时保护受术者皮肤。
➢ 肘部点法刺激强烈，要根据情况适当使用，而点后常施揉法。
➢ 用力平稳，由轻到重平稳加压，再由重到轻逐渐减压，忌用暴力。

【技能训练】

（一）沙袋练习

➢ 定点练习

左手辅助固定，右手在沙袋中央定点练习。也可双手在沙袋左右两边同步定点练习。

（二）人体练习

➢ 定点练习

✧ 选合谷、内关、手三里等穴进行拇指端点法、屈拇指端点法练习。
✧ 选足三里、涌泉等穴进行食指端点法练习。
✧ 选取环跳、腰眼等穴进行肘尖点法练习。

三、拨　法

垂直经筋，横向拨动。

【操作方法】

（一）一指拨法

- 受术者俯卧位，术者立于一侧。
- 术者拇指伸直或微屈，以指端面或桡侧面着力受术者项部，其余四指在一旁以助力。
- 拇指适当用力下压至有酸胀感。
- 与软组织成垂直方向的单向或来回横向拨动。也可双拇指叠指拨动。

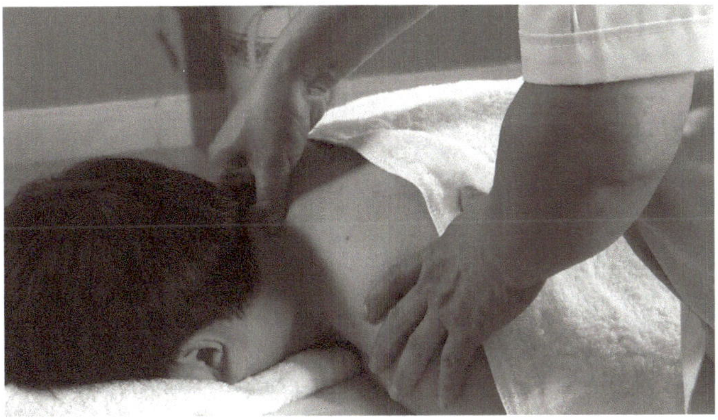

图 1-35　一指拨法

（二）二指拨法

- 受术者仰卧位，术者立于一侧。
- 术者食、中二指并拢伸直或微屈，以拇指在一旁以助力。
- 食中二指适当用力点压项部至有酸胀感。
- 与软组织成垂直方向的单向或来回横向拨动（也可双手食中二指重叠操作）。

（三）三指拨法

- 受术者俯卧位，术者立于一侧。
- 食、中、环三指并拢伸直或微屈，以拇指在一旁以助力。
- 食、中、环三指适当用力点压背部至有酸胀感。
- 与软组织成垂直方向的单向或来回横向拨动（也可双手食中环三指重叠操作）。

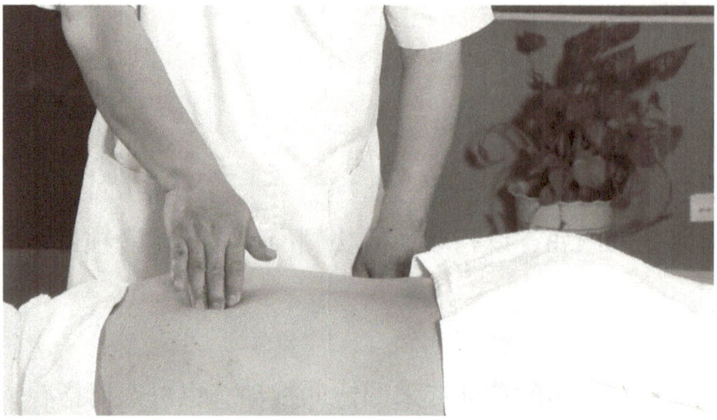

图 1-36　三指拨法

【注意事项】

➢ 拨法方向、角度，应与局部肌肉纤维垂直。
➢ 拨动时指下应有肌腹、肌腱上滑过感，而不应在表皮上摩擦移动。
➢ 拨法可单向，也可双向操作。

【技能训练】

● 人体练习
✧ 在颈项部进行单拇指拨法练习。
✧ 在肩背部进行单手二指和三指拨法练习。
✧ 在腰背和四肢部进行双拇指重叠拨法练习。

四、捏　法

【动作要领】

拇指与其他手指相对挤压。

【操作方法】

（一）五指捏法

➢ 受术者俯卧位，术者立于一侧。
➢ 术者拇指伸直内收，其余四指并拢伸直，腕关节伸直，肘关节屈曲。
➢ 拇指和其余四指指面着力于受术者颈项部，主动挤压用力，相对挤压和放松。

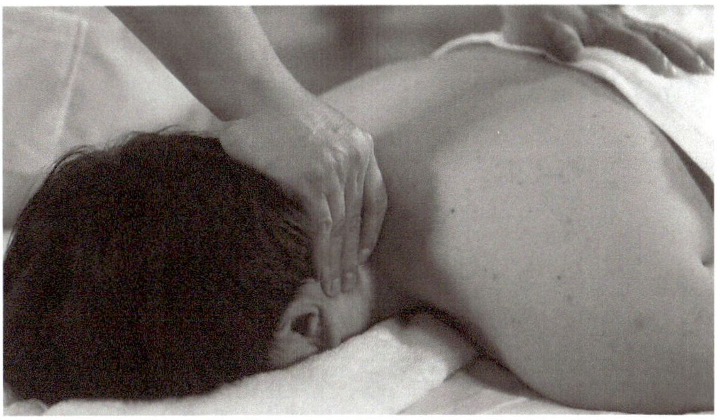

图 1-37　五指捏法

（二）捏脊法

- 受术者俯卧位，术者立于一侧。
- 术者拇指伸直内收，其余四指并拢伸直，腕关节伸直，肘关节屈曲。
- 用拇指面抵住脊柱椎旁皮肉，食、中指在前，将皮肉捏起，或用食指桡侧面抵住皮肉，拇指在前，捏起皮肉。
- 两手捏提捻转，并交替向前移动。
- 以皮肤发红为度。

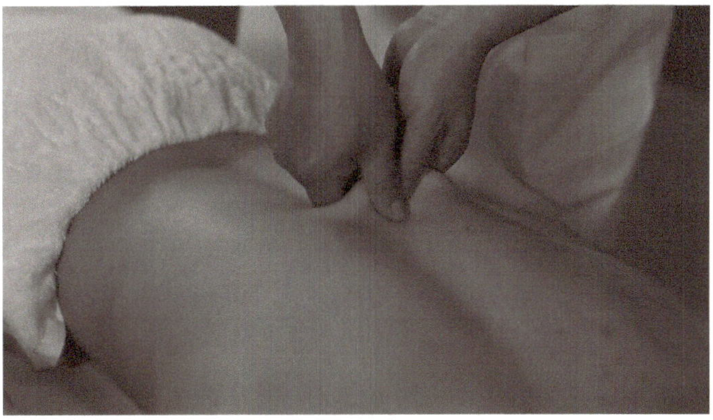

图 1-38　捏脊法

【注意事项】

操作时，不可指端内扣抠抓或扭转。

捏脊疗法常有“捏三提一”的操作方法。

【技能训练】

（一）沙袋练习

1. 定点练习

主要练习捏法的对称性。左手辅助固定，右手在沙袋中央定点练习。也可双手在沙袋左右两边同步定点练习。

2. 走线练习

沙袋的下端→上端→下端，如此往返，紧捏慢移。

（二）人体练习

1. 定点练习

✧三指捏项部。

✧三指捏肩部。

2. 走线练习

✧双手从下向上捏脊。

✧捏上肢。

五、拿　法

【动作要领】

捏而提起。

【操作方法】

（一）三指拿法

➢受术者俯卧位，术者立于一侧。

➢术者拇指伸直内收，食、中指并拢伸直，无名指、小指自然屈曲，肘关节微屈。

➢拇指和食、中指指面着力受术者项部，三指协同相对用力，夹住肌肉垂直提起，再慢慢放松。

（二）五指拿法

➢受术者俯卧位，术者立于一侧。

➢术者拇指伸直内收，其余四指并拢伸直，腕关节伸直，肘关节微屈。

➢ 拇指和其余四指指面协同用力，夹住小腿部肌肉垂直提起，再慢慢放松。

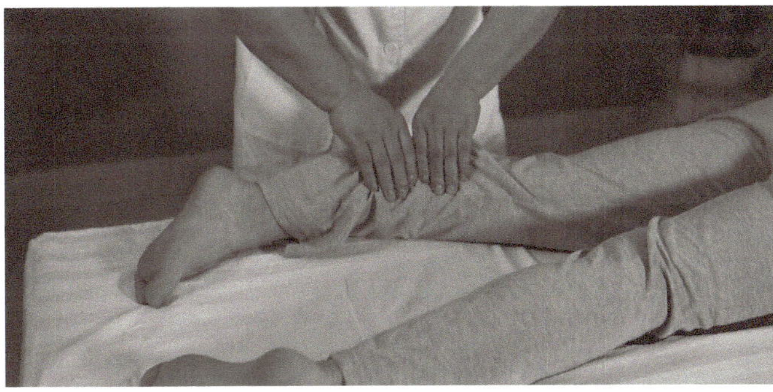

图 1-39　五指拿法

【注意事项】

➢ 手掌空虚，指腹紧贴治疗部位。
➢ 操作应以指面着力，不可指尖内扣。
➢ 操作之时，腕关节应放松、灵巧，捏拿、回送动作平稳过渡。
➢ 可单手操作，也可双手操作。

【技能训练】

（一）沙袋练习

1. 定点练习

左手辅助固定，右手在沙袋中央定点练习。也可双手在沙袋左右两边同步定点练习。

2. 走线练习

沙袋的下端→上端→下端，如此往返，紧拿慢移。

（二）人体练习

1. 定点练习

✧拿风池。
✧拿肩井。

2. 走线练习

✧拿颈项部
✧拿四肢。

六、捻　　法

【动作要领】

相对夹持，来回捻动，快捻慢移。

【操作方法】

➤ 受术者端坐位，术者立于一侧。

➤ 术者拇指末节指纹面与食指中节桡侧（或指纹面）着力，相对夹住受术者手指。

➤ 相反方向来回搓动。

➤ 频率为 200 次 / 分钟左右。

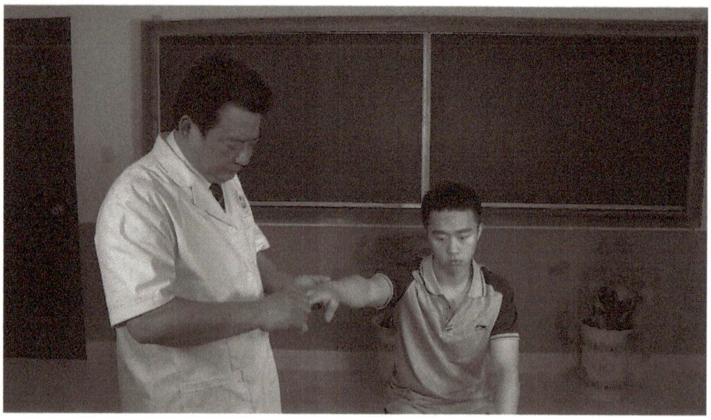

图 1-40　捻法

【注意事项】

➤ 带动皮下组织，不要与皮肤有明显的摩擦。

➤ 动作轻巧灵活，快捻慢移。

【技能训练】

● 人体练习

沿手指的纵轴向远端捻法操作。

七、揪　　法

【动作要领】

相对夹持，扯揪扯拧。

【操作方法】

➢受术者端坐位，术者立于一侧。

➢术者食、中指并拢，第一指间关节屈曲约 90°，拇指端置于食指中节桡侧指面上以协助操作，无名指和小指自然内收。

➢食指中节尺侧面和中指中节桡侧面着力。

➢相对夹住印堂穴部皮肤，向外一拉一放或拧转或一揪一放。也可拇指螺纹面和食指中节桡侧面着力进行揪法操作。

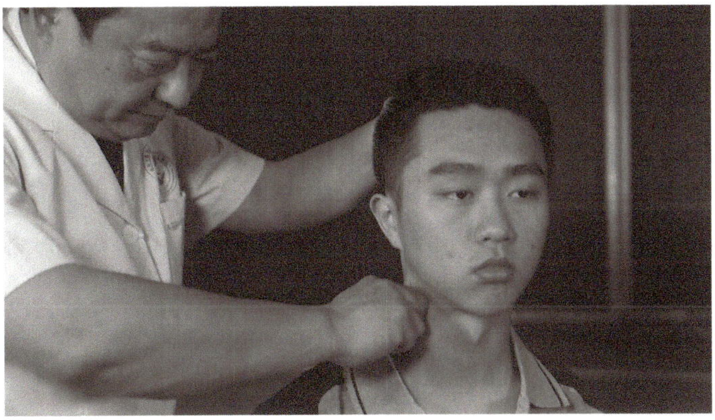

图 1-41　揪法

【注意事项】

➢用力大小应根据实际情况而定，忌粗暴用力。

➢操作之时，术者的手指应涂抹介质，以防本法使受术者的局部皮肤受伤。

➢本手法以揪“出痧”为度，即局部皮肤出现红紫瘀斑现象。

【技能训练】

● 人体练习

在印堂穴、喉结处进行揪法操作。

第 5 节　振颤类手法

一、振　　法

【动作要领】

垂直体表，快速振颤。

【操作方法】

（一）指振法

- 受术者仰卧位，术者立于一侧。
- 术者食指和无名指屈曲夹住中指，或食指叠于中指之上。
- 中指螺纹面着力印堂穴。
- 意念集中指端。
- 前臂和手部的肌肉做静止性收缩，使手臂发出强烈而快速的振颤。
- 振动波沿着手指的轴线方向垂直作用于体表。

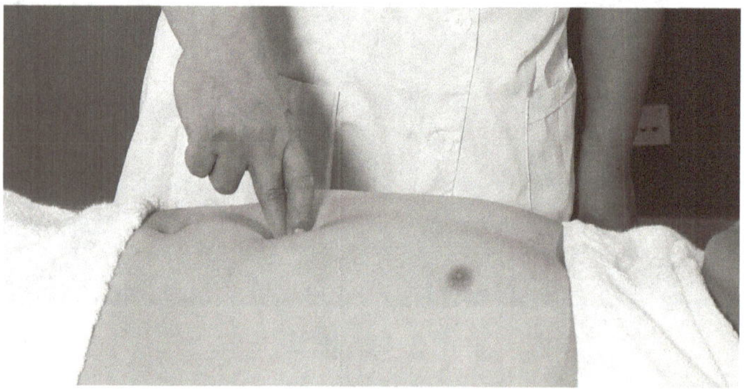

图 1-42　指振法

（二）掌振法

- 受术者仰卧位，术者立于一侧。
- 术者掌面着力于受术者腹部。
- 意念集中掌心。
- 前臂肌肉做静止性收缩。发出强烈而快速的振颤。
- 使振动波通过掌心垂直作用于受术体表。

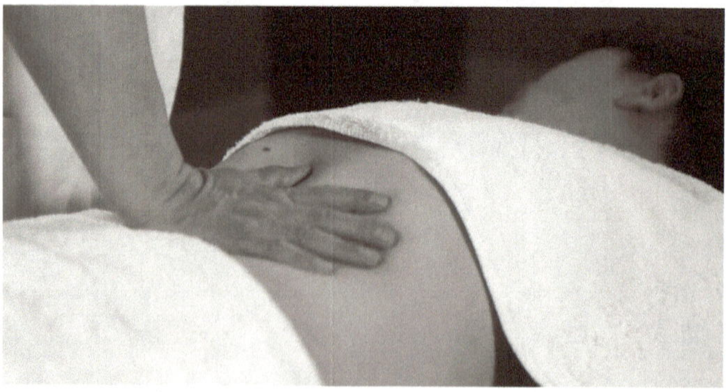

图 1-43　掌振法

【注意事项】

- 术者要意念集中指端或掌心，呼吸均匀。
- 前臂做静止性发力颤动。
- 振动频率 300 次 / 分钟以上。

【技能训练】

（一）沙袋练习

- 定点练习

左手辅助固定，右手在沙袋中央定点练习。

（二）人体练习

- 定点练习
- ✧选印堂、中脘进行中指指振法练习。
- ✧选腹部进行掌心振法练习。

二、颤　法

【动作要领】

垂直体表主动用力颤动。

【操作方法】

（一）指颤法

- 受术者仰卧位，术者立于一侧。
- 术者食、中指或食、中、无名指自然伸直并拢，其螺纹面着力中脘、关元穴，余指自然弯曲。
- 沉肩、垂肘、腕伸直。
- 前臂主动颤动。
- 颤动通过前臂和掌指垂直作用于受术体表。产生局部颤动。

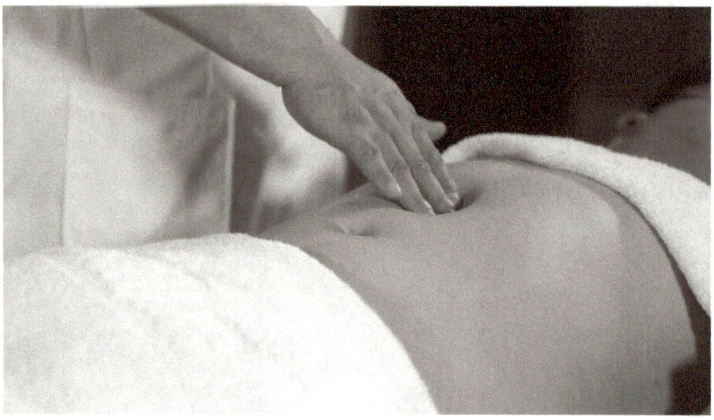

图 1-44　指颤法

（二）掌颤法

➢ 受术者仰卧位，术者立于一侧。

➢ 术者肘关节屈曲，腕关节伸直，五指自然伸直并拢，手掌面着力于受术者腹部，其余四指自然弯曲。

➢ 前臂主动颤动。

➢ 颤动沿前臂和掌指垂直作用于受术体表。产生局部颤动。

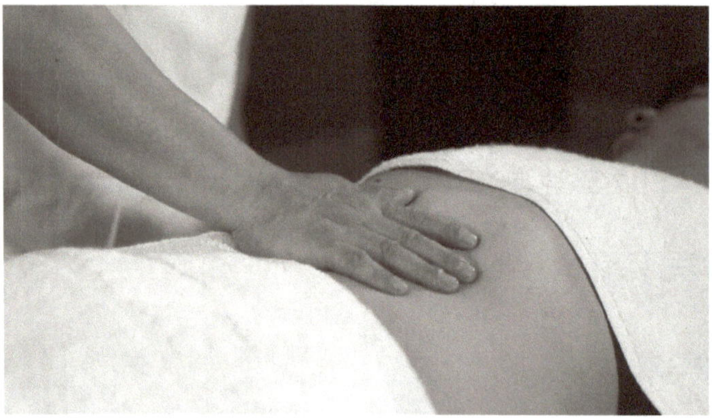

图 1-45　掌颤法

【注意事项】

➢ 要意念集中指端或掌心，呼吸均匀。

➢ 持续颤动 200 ～ 300 次 / 分钟。

【技能训练】

● 人体练习

✧ 选中脘穴、神阙穴进行指颤法。

✧ 选腹部、腰背部掌颤法练习。也可双掌颤法。

三、抖　法

【动作要领】

小幅度、快频率、连续抖动。

【操作方法】

（一）抖上肢法

➢ 受术者仰卧位，术者立于一侧。

➢ 受术者上肢自然放松，将其向前外侧抬起 60° 左右，术者双手紧握受术者腕部或掌部。

➢ 施加一定牵引力使受术者上肢伸直，通过前臂主动施力做上下抖动。

➢ 抖动波沿受术者上肢传导至肩部。

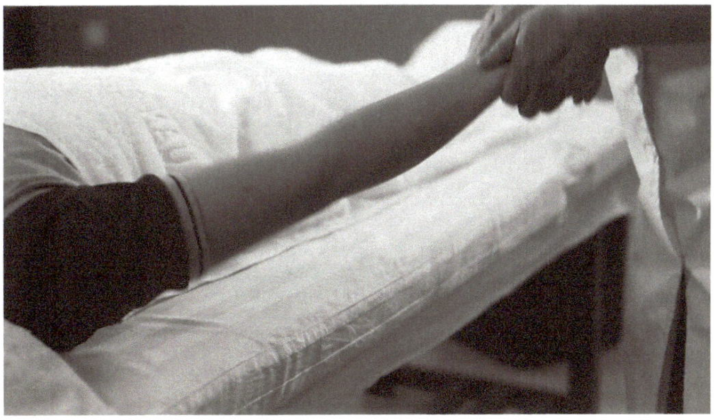

图 1-46　抖上肢法

（二）抖下肢法

➢ 受术者仰卧位，下肢自然放松。术者双手紧握受术者踝部。

➢ 施以一定的牵引力使受术者下肢保持伸直并提起离开床面呈 30° 角。

➢ 上肢主动施力做上下抖动。

➢ 抖动波沿下肢进行传到髋部。

图 1-47　抖下肢法

（三）抖腰法

➢ 受术者俯卧位，下肢自然放松，双手拉住床沿或一助手固定其两腋下部。术者双手紧握受术者踝关节上方。

➢ 弯腰向后施力牵引受术者腰部。

➢ 在牵引状态下，身体稍前倾站立并同时屈伸肘关节两三次。

➢ 对受术者腰部做较大幅度抖动。

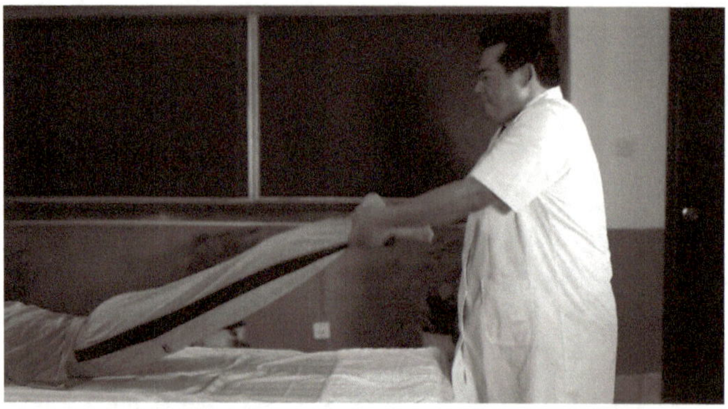

图 1-48　抖腰法

【注意事项】

➢ 被抖肢体要充分放松。

➢ 对有习惯性肩关节脱位的受术者应禁用本法。

➢ 操作动作要连续不断，频率由慢至快。

➢ 术者不应屏气操作。

【技能训练】

● 人体练习

✧选四肢部进行上肢抖法、下肢抖法练习。

✧腰部进行抖腰法。

第6节　叩击类手法

一、拍　法

【动作要领】

虚掌拍打体表。

【操作方法】

➤受术者俯卧位，术者立于一侧。

➤术者五指并拢，掌指关节微屈，掌心空虚，腕关节放松。

➤肘的屈伸发力，前臂带动腕关节自由屈伸。

➤虚掌拍打肩背部体表。

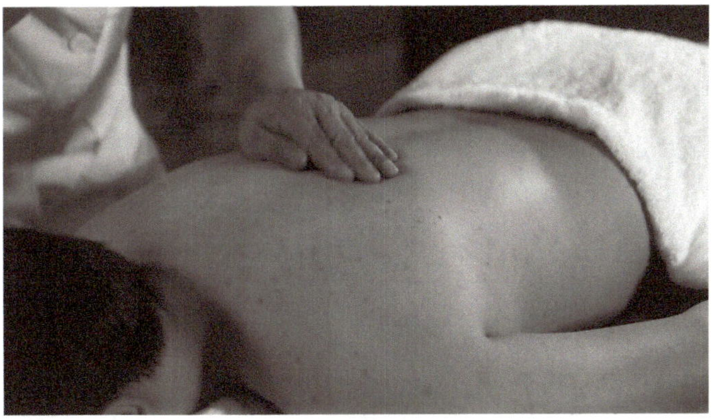

图1-49　拍法

【注意事项】

➤可单手操作，也可双手交替拍打。

➤拍打应以受术者的皮肤潮红为度。

➤拍打时用力平稳、节奏均匀。

【技能训练】

（一）沙袋练习

左手辅助固定，右手在沙袋中央练习。

（二）人体练习

选掌拍上背部、四指部进行练习。

二、击　法

【动作要领】

击打体表。

【操作方法】

（一）指击法

- 受术者俯卧位，术者立于一侧。
- 术者五指自然弯曲分开呈爪形，腕部自然伸直，以五指指端处着力。
- 肘关节屈伸发力，带动腕部屈伸。
- 五指指端对天宗穴进行击打。

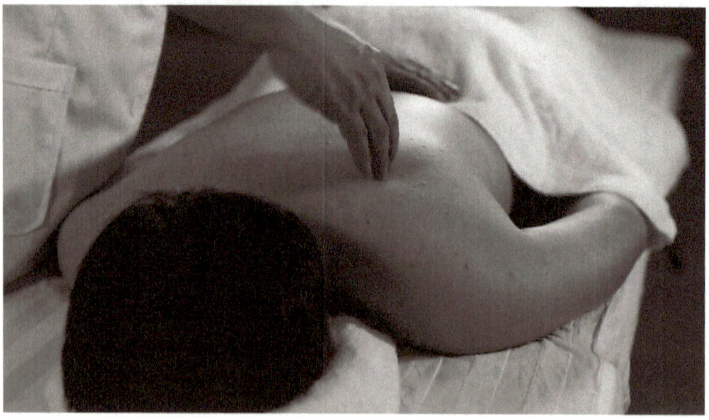

图 1-50　指击法

（二）掌根击法

- 受术者俯卧位，术者立于一侧。

- 术者五指自然伸直，腕关节略背伸，肘关节屈曲约 90° 以掌根处着力。
- 肘关节屈伸发力，带动前臂及掌根摆动。
- 使掌根对环跳穴处进行击打。

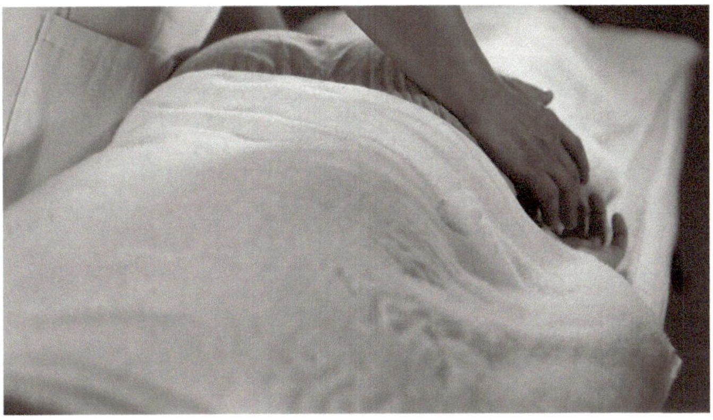

图 1-51 掌根击法

（三）侧掌击法

- 受术者俯卧位，术者立于一侧。
- 术者五指伸直并拢，腕关节伸直，肘关节屈曲约 90° ，以侧掌小鱼际处着力。
- 肘关节为支点，肘关节主动屈伸发力。
- 带动前臂及侧掌小鱼际摆动。
- 使侧掌小鱼际对小腿后侧进行击打。

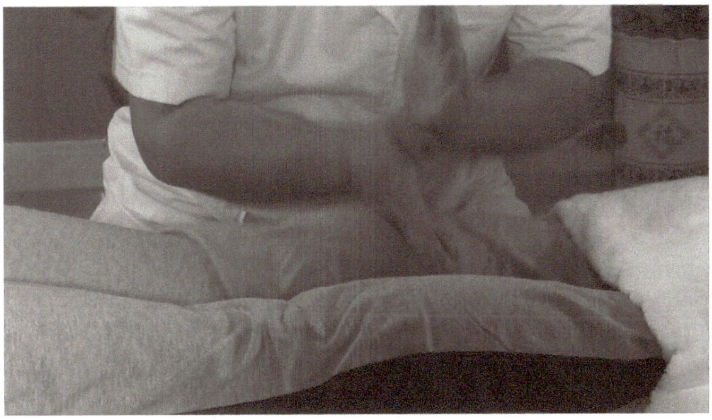

图 1-52 侧掌击法

（四）拳击法

- 受术者俯卧位，术者立于一侧。

➢ 术者手握空拳，腕关节伸直，肘关节屈曲约 90°，以拳背处着力。
➢ 肘关节为支点，肘关节主动屈伸发力。
➢ 带动前臂及拳摆动。
➢ 使拳背对颈肩部进行击打。

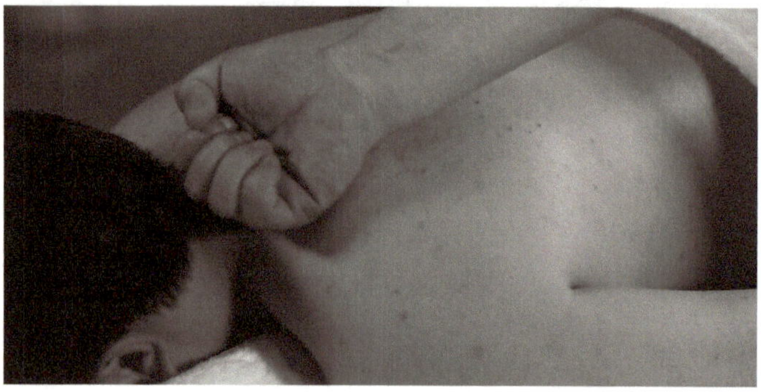

图 1-53 拳击法

【注意事项】

➢ 本手法切记暴力，且操作时，击打短暂迅速、有反弹感。
➢ 本手法用力要稳，含力蓄劲。
➢ 除头部外，其他部位操作要避开骨性突起部位。
➢ 后脑、肾区部位慎用击法。

【技能训练】

（一）米袋练习

左手固定，右手拳背在米袋上练习击法。

（二）人体练习

✧ 头顶部、冈下窝练习指击法。
✧ 在人体肩胛间部，相互练习掌根击法。
✧ 在肩胛上部、腰背部、四肢，练习拳击法。
✧ 在下肢后侧练习侧掌击法。

三、叩 法

【动作要领】

叩打体表。

【操作方法】

（一）小指侧叩法

➢ 受术者俯卧位，术者立于一侧。

➢ 术者五指自然伸直，腕关节微背伸，肘关节屈曲约 90°，以小鱼际及小指尺侧端处着力于颈肩部。

➢ 肘关节屈伸发力，带动前臂和腕关节摆动。

➢ 小鱼际及小指尺侧端叩打体表，发出“哒哒哒”击打声。

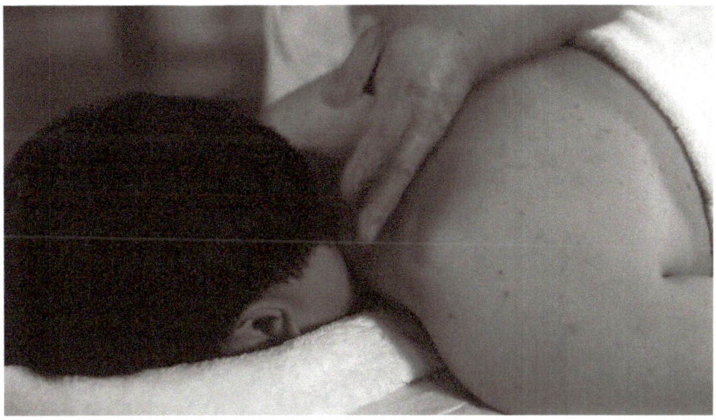

图 1-54　小指侧叩法

（二）拳叩法

➢ 受术者俯卧位，术者立于一侧。

➢ 术者掌握空拳，腕关节放松，肘关节屈曲约 90°，以空拳尺侧面为着力处。

➢ 肘关节屈伸发力，带动前臂和空拳摆动。

➢ 腕关节自然摆动，空拳尺侧面叩打肩背部，发出“哒哒哒”击打声。

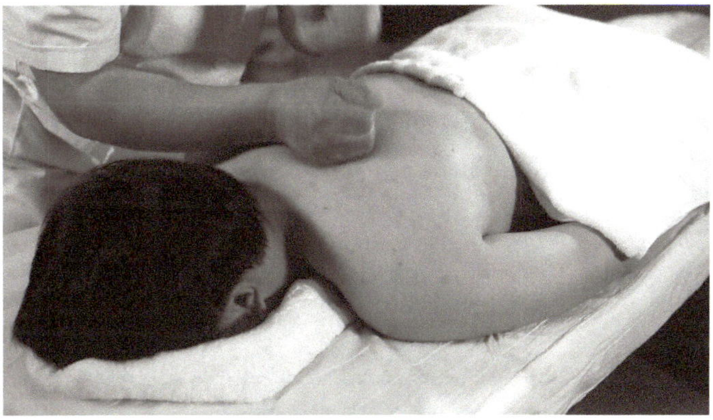

图 1-55　拳叩法

【注意事项】

➢ 本手法以肘关节为主要支点，且腕关节充分放松。
➢ 叩打常沿肌肉走形进行。

【技能训练】

● 人体练习
✧ 选头面部、背部、下肢部等进行指叩法练习。
✧ 选肩、背、腰部进行拳叩法练习。

第7节　运动关节类手法

一、摇　法

【动作要领】

关节沿运动轴被动环转运动。

【操作方法】

（一）颈项部摇法

➢ 受术者端坐位，颈项部放松，下颌微内收。

➢ 术者立于其侧后方，一手扶住顶枕部，另一手托住下颌，双手协同用力。或者一手掌部托其下颏处，另一手扶其枕后部，双手稍向上一定牵引力拔伸。

➢ 做顺时针或逆时针环转运动。

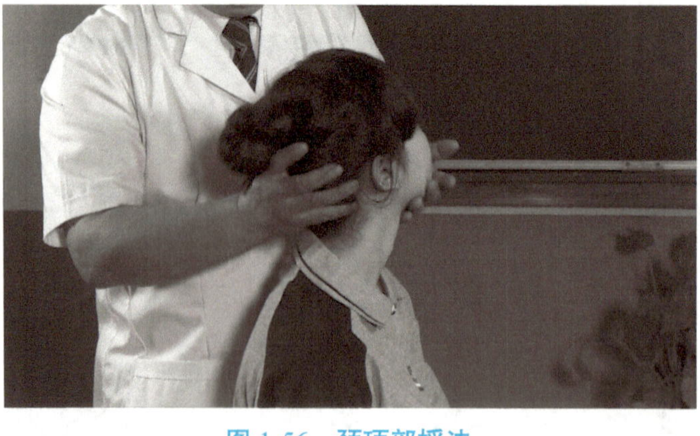

图1-56　颈项部摇法

（二）肩关节摇法

1. 托肘摇肩法

➢ 受术者端坐位，上肢放松。术者立于其侧方。

➢ 术者一手扶按受术者肩关节处保持不动，另一手握其肘部并向上托起，自然屈曲其肘关节。

➢ 做顺时针或逆时针方向的肩关节环转活动。

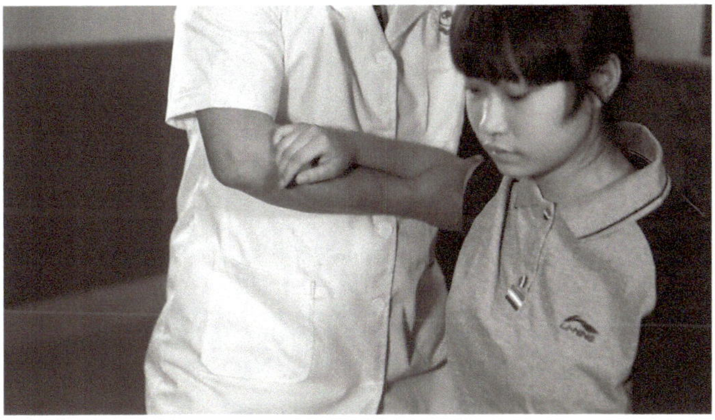

图 1-57　托肘摇肩法

2. 握手摇肩法

➢ 受术者端坐位，上肢放松。术者立于其侧方。

➢ 术者一手扶按受术者肩关节处保持不动，另一手握其腕部并稍用力牵拉。

➢ 使肩关节做顺时针或逆时针方向的小幅度环转活动。

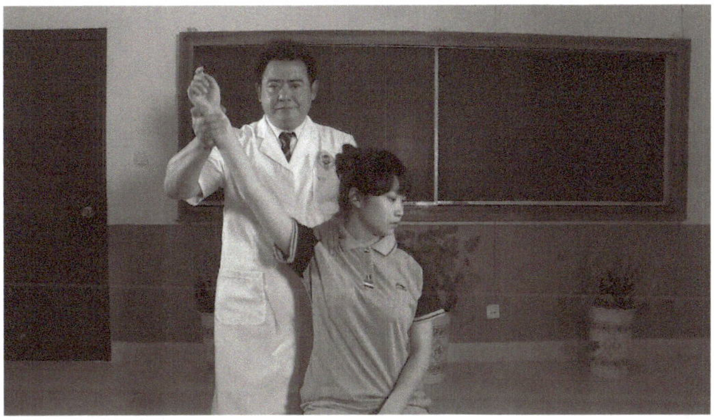

图 1-58　握手摇肩法

3. 大幅度摇肩法

➢ 受术者取端坐位，上肢放松下垂。术者以“丁”字步站于其体侧。

➢ 术者两手夹住受术者腕部。

➢ 慢慢地将其上肢向上向前托起，位于下方的手逐渐翻掌，上举至最高点时，一手虎口向下握住其腕部，另一手以虎口部从腕部沿上肢轻抹至肩部，随即虎口转 180°。

➢ 一手继续引导受术者手臂环转向下，另一手虎口继续轻抹上肢至腕部。如此周而复始。

图 1-59　大幅度摇肩法

（三）腰部摇法

1. 仰卧位摇腰法

➢ 受术者取仰卧位，双下肢伸直，腰部放松。术者立于一侧。

➢ 术者一手扶按其腰部保持其不动，另一手臂托抱住其双侧膝关节上方大腿处。

➢ 使腰做顺、逆时针方向的环转运动。

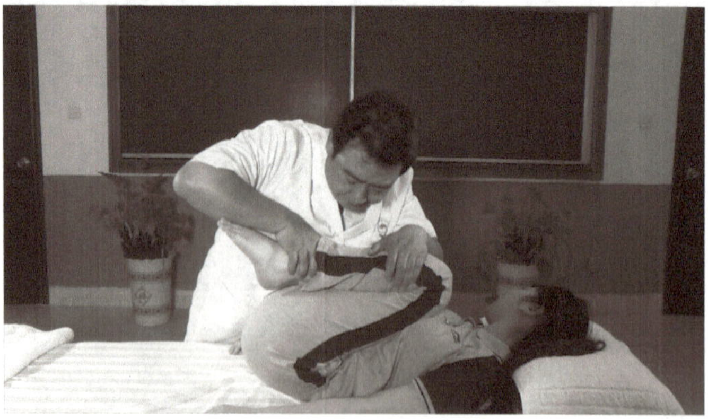

图 1-60　仰卧位摇腰法

2. 俯卧位摇腰法

- 受术者取俯卧位，双下肢自然伸直并拢，腰部放松。术者立于一侧。
- 术者一手按其腰部，另一只手从其双膝下穿过，将双下肢托起。
- 使腰部做顺、逆时针方向的环转运动。

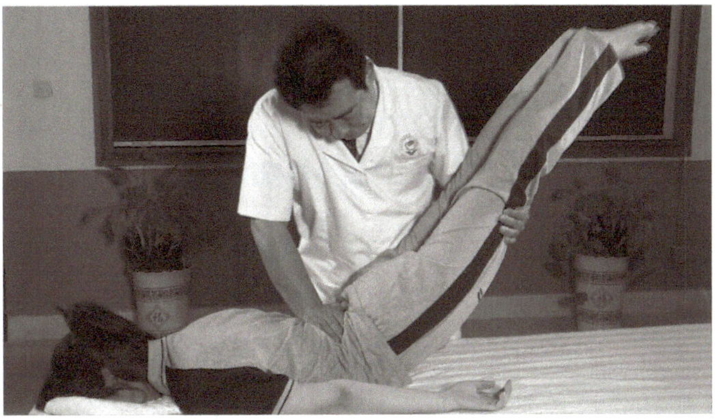

图 1-61 俯卧位摇腰法

（四）髋关节摇法

- 受术者仰卧位，双下肢放松。术者立于一侧。
- 术者一手握持受术者踝部或足跟部，另一手扶按其膝部。
- 双手协助将受术者下肢屈膝屈髋约 90° 。
- 使髋关节做顺、逆时针方向的环转运动。

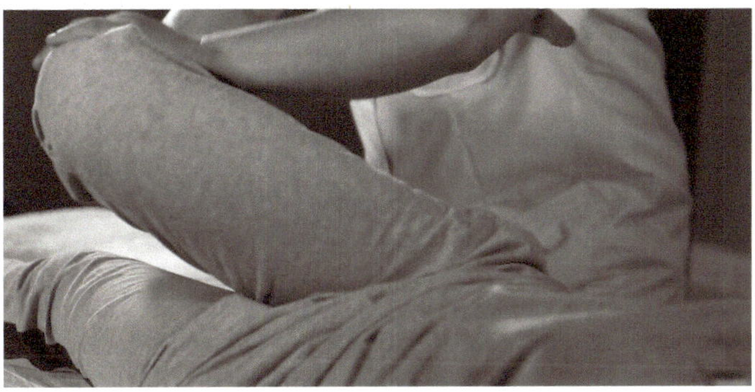

图 1-62 髋关节摇法

（五）膝关节摇法

- 受术者仰卧，下肢自然伸直，另一侧下肢屈膝屈髋。
- 术者一手固定，另一手握持受术者足踝部或足跟部。
- 以顺、逆时针方向环转摇动其膝关节。

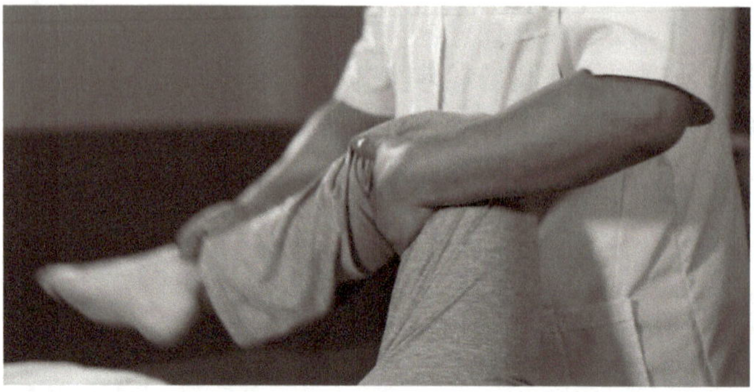

图 1-63　膝关节摇法

（六）踝关节摇法

- 受术者仰卧位，下肢伸直放松。
- 术者一手握持受术者踝关节近端，另一手握持其足掌部。
- 使踝关节做顺、逆时针方向的环转运动。

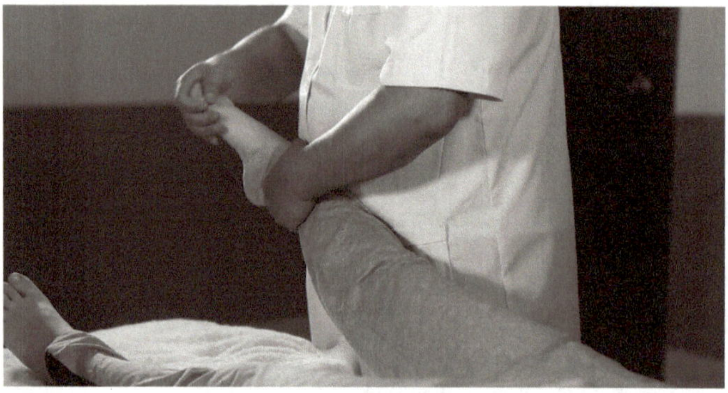

图 1-64　踝关节摇法

【注意事项】

- 被摇的关节应充分放松。
- 摇动的速度宜缓慢，尤其刚开始摇法操作时要缓慢。
- 摇转的幅度应在小到大，控制在正常生理活动范围内，或受术者能够承受的范围之内。

【技能训练】

● 人体练习

两人一组，相互操作，练习人体各个关节的摇法，体会摇法“幅度由小到大，动作协调平稳、被动环转运动”的动作要领。

二、背　法

【动作要领】

背起、摇晃、颠簸、顿地。

【操作方法】

- 受术者与术者背靠背站立，双足分开与肩同宽。
- 术者两臂从受术者腋下穿过，两肘勾住受术者的两肘。
- 弯腰、屈膝，骶部抵住受术者腰部。
- 反背起受术者，受术者双足离地。
- 术者晃抖腰部，快速伸膝、挺臀。可听受术者腰椎关节的弹响声。

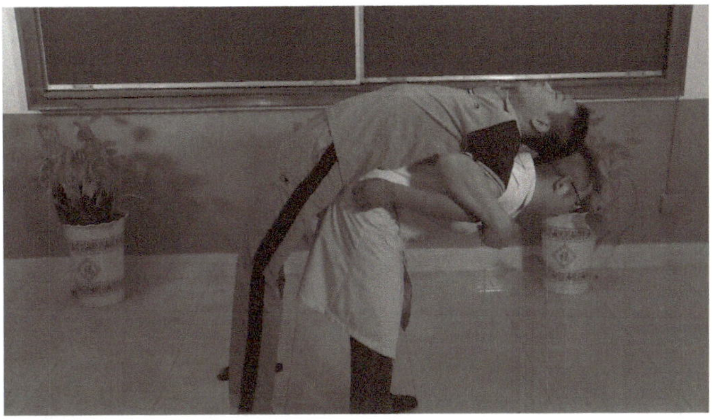

图 1-65　背法

【注意事项】

- 晃抖、伸膝、挺臀的动作要协调连贯、一气呵成。
- 操作时，受术者应全身放松。
- 受术者与术者体位一定要稳，防止跌仆。
- 操作完毕放下受术者时要缓慢，须避免体位改变而失去平衡。
- 术者若身高明显低于受术者，可站在踏板上进行操作。

【技能训练】

● 人体练习

两人一组，相互操作，练习背法，体会背法“弯腰、屈膝、晃抖、伸膝、挺臀”的动作要领。

三、扳　　法

【动作要领】

小幅度、快速、寸劲扳动。

【操作方法】

（一）颈部扳法

1. 颈椎斜扳法

➢ 受术者端坐位，颈项部放松，下颌微内收。

➢ 术者立于其侧后方，一手部托扶其下颌部，另一手扶按其枕后部。

➢ 两手协同使头向一侧缓慢旋转至弹性限制位。

➢ 稍作停顿，做瞬间、小幅度、有控制的旋转扳动，可听到“喀喀”的弹响声。

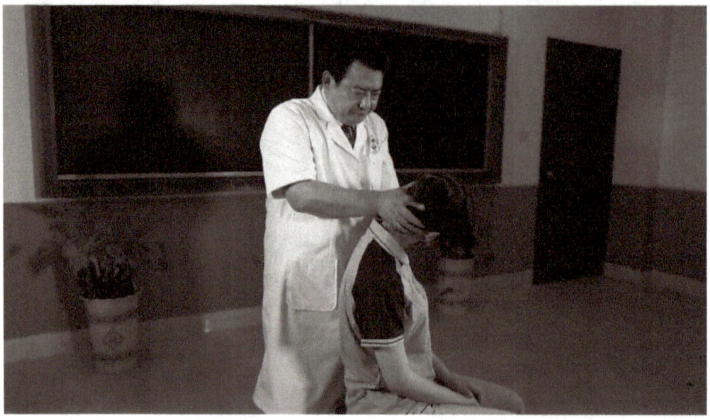

图 1-66　颈椎斜扳法

2. 颈椎旋转定位扳法　（以棘突右偏为例）

➢ 受术者坐位，颈项部放松，下颌微内收。术者立于其侧后方。

➢ 术者一手拇指顶抵住偏凸颈椎棘突旁，另一手臂屈曲肘部勾托住对侧下颏，手掌环抱住对侧枕部。

➢ 受术者屈颈至术者拇指下感到棘突活动，关节间隙张开，再使其向患侧侧屈至弹性限制位。

➢ 稍作停顿，随即用巧力寸劲做一个快速有控制的、稍增大幅度的突发性扳动。可听到“咔嚓”的弹响声，拇指下亦有棘突回位的跳动感。

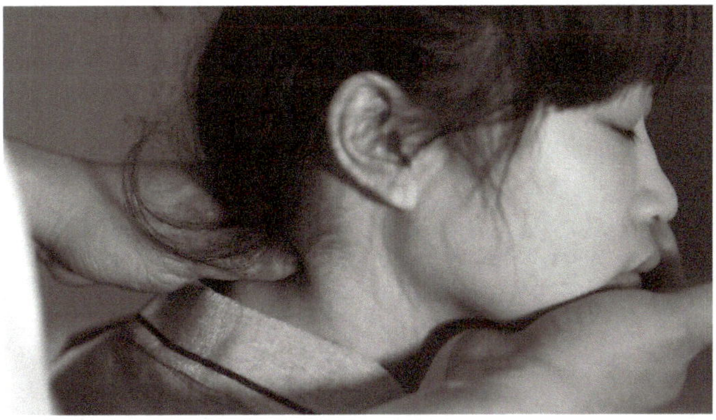

图 1-67　颈椎旋转定位扳法

（二）胸背部扳法

1. 扩胸牵引扳法

- 受术者坐位，两手十指交叉扣住并抱于枕后部。术者站于其后方。
- 术者用一侧膝关节抵顶受术者背部病变处。
- 两手分别握其两肘部。
- 受术者做前俯后仰运动，并配合深呼吸，反复数遍。
- 待受术者后仰身体后仰至最大限度，术者以巧力、寸劲将其两肘部向其后突然拉动。
- 膝部向前顶抵，可听到“咔嚓”的弹响声。

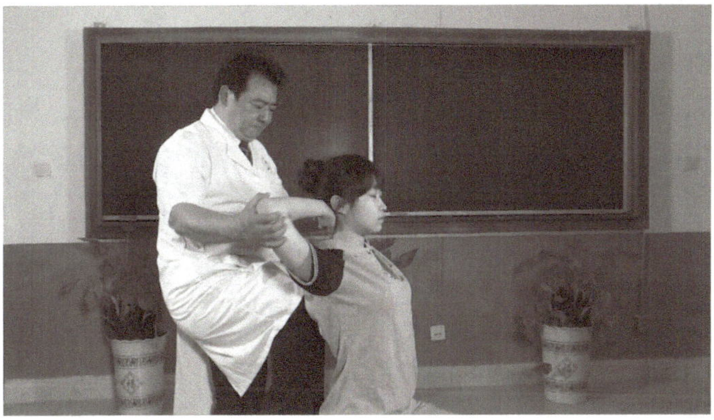

图 1-68　扩胸牵引扳法

2. 胸椎对抗复位扳法

- 受术者坐位，两手十指交叉扣住并抱于枕后部。术者站于其后方。
- 术者两手臂自其腋下伸入，并握住其两前臂下端。
- 一侧膝部顶压住受术者病变胸椎处。

➢ 握受术者前臂的两手用力下压，两前臂用力上抬，将脊柱向上向后牵引。

➢ 顶压在患椎的膝部同时向前向下顶抵，并与前臂的上抬形成对抗牵引。

➢ 持续牵引片刻后，两手、两臂与膝部协同用力，术者以巧力寸劲做快速、有控制的突发性扳动，可听到“咔嚓”的弹响声。

图 1-69 胸椎对抗复位扳法

（三）腰部扳法

1. 腰部斜扳法

➢ 受术者健侧卧位，健侧下肢在下，自然伸直，患侧下肢在上，屈膝屈髋。

➢ 术者站其腹侧，以前臂上段或手掌抵住其肩前部向后推，另一前臂上段或手掌抵于臀部外上方前扳。

➢ 术者双手协调用力，使腰部旋转至弹性限制位。

➢ 瞬间用力，做一个有控制的、快速的旋转扳动，可听到“咔嚓”的弹响声。

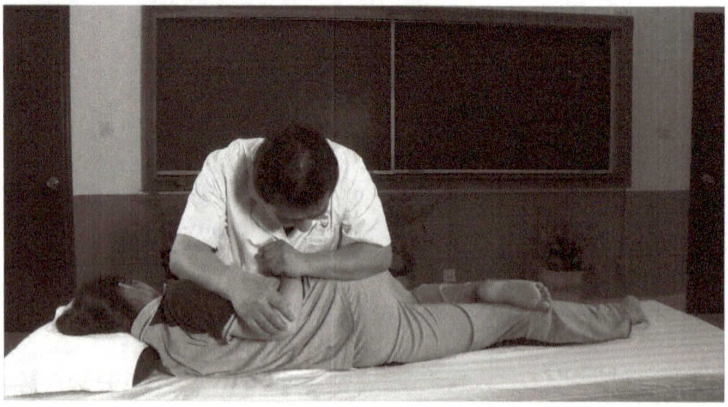

图 1-70 腰部斜扳法

2. 腰椎旋转复位扳法（以棘突向右偏为例）

➢ 受术者坐位，右手置于颈后。

➤一助手固定受术者大腿部，术者坐在受术者右后方，左手拇指置于偏歪棘突的右侧，右手从受术者右上臂之前绕至前臂之后，并且置于受术者颈后。

➤受术者腰部前屈至所要扳动的椎骨棘突。

➤受术者腰部左侧屈并且右旋至弹性限制位。

➤左手拇指向左推按偏歪的棘突。

➤两手协同用力，做一个有控制的、稍增大幅度的、瞬间的旋转扳动，可闻及“咔嚓”的弹响声。

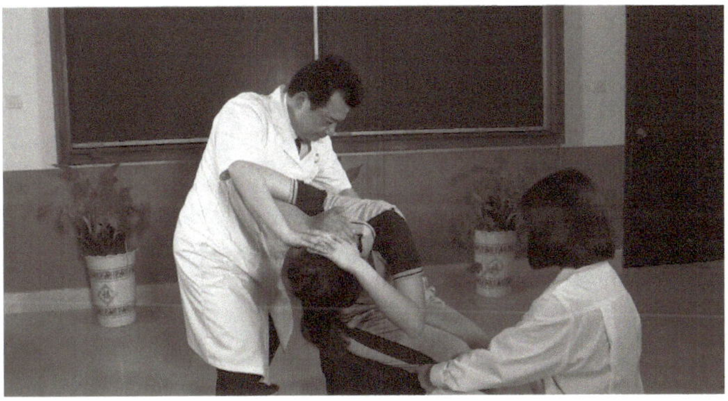

图 1-71　腰椎旋转复位扳法

3. 直腰旋转扳法（以腰部向右旋转扳动为例）

➤受术者坐位，两下肢分开，与肩同宽，腰部放松。

➤一助手固定受术者大腿部，术者坐在受术者左前方，用两腿夹住受术者的左膝部以固定，左手受术者的肩后，右手从其右腋下伸入勾住右肩前。

➤两手协调用力，左手前推，右手后拉，使其腰部右旋至弹性限制位。

➤瞬间用力，做一个有控制的、稍增大幅度的、瞬间的旋转扳动，可闻及“咔嚓”的弹响声。

图 1-72　直腰旋转扳法

4. 直腰后伸扳法

➤ 受术者俯卧位，两下肢自然伸直。术者站其腰椎棘突偏凸侧。

➤ 术者一手掌故豌豆骨按抵偏凸的棘突，另一手臂托住对侧大腿远端向上扳至弹性限制位。

➤ 两手协调用力，瞬间用力，做一个有控制的、稍增大幅度的、瞬间的上抬扳动。

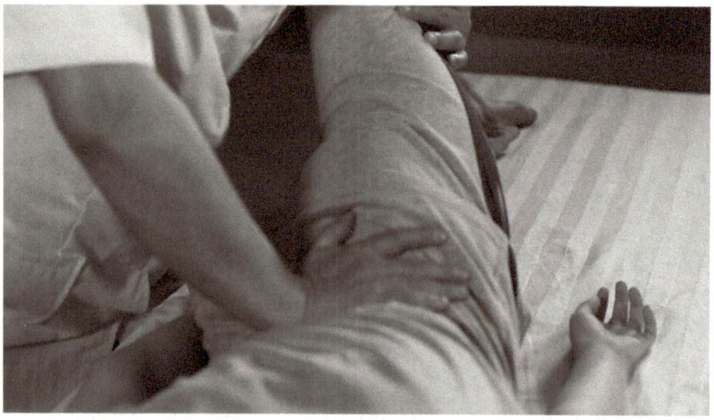

图 1-73　直腰后伸扳法

（四）肩关节扳法

1. 肩关节外展扳法（以右侧受限为例）

➤ 受术者端坐位。术者站于右侧，呈半蹲位，将受术者右侧肘关节上部置于右肩上，两手交叉按压固定肩部。

➤ 术者缓慢立起，使受术者肩关节外展至有阻力，略停片刻。

➤ 双手与身体及肩部协同施力，以“巧力寸劲”，在肩关节外展位做一个稍增大幅度的快速扳动。

图 1-74　肩关节外展扳法

2. 肩关节内收扳法（以右侧为例）

➢ 受术者端坐位，右侧上肢屈肘置于胸前，手搭扶于左侧肩部，术者站于其后。

➢ 术者以右手扶按于受术者右肩部或肘部以固定。

➢ 左手握其肘部并缓慢向对侧胸前上托至有阻力时，以“巧力寸劲”，做一个稍增大幅度的快速扳动。

图 1-75　肩关节内收扳法

3. 肩关节旋内扳法（以右侧为例）

➢ 受术者端坐位，右手与前臂置于腰部后侧。术者站于其右侧后方。

➢ 术者以右手扶按患肩以固定。

➢ 左手握其腕部并将前臂沿其腰背部缓慢上抬，至有阻力时，以“巧力寸劲”，做快速、有控制的上抬其前臂扳动。

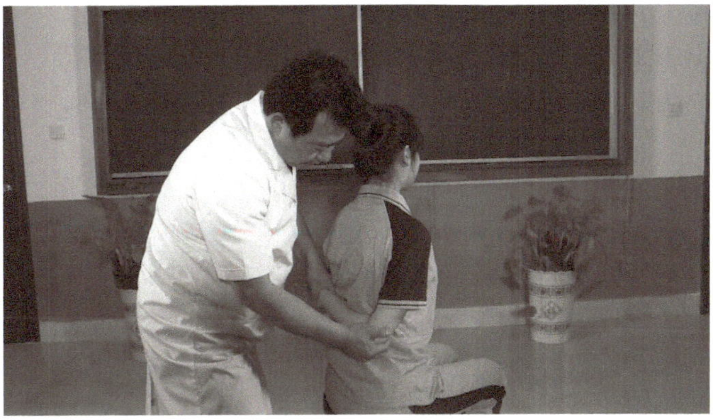

图 1-76　肩关节旋内扳法

（五）直腿抬高扳法

➢ 受术者仰卧，双下肢伸直放松。

➢ 助手以双手固定健侧膝关节于伸直位，术者立于其患侧。

➢ 术者缓缓抬起患侧下肢。

➢ 将受术者小腿置于自己近患侧的肩上，两手固定其膝关节上下部，保证扛扳过程中膝关节不屈曲。

➢ 肩部与两手协同用力，慢慢扛起患肢，使其在保持膝关节伸直位状态下屈髋。

➢ 当遇到有阻力时，略停片刻，以巧力寸劲做一个稍增大幅度的快速扳动。

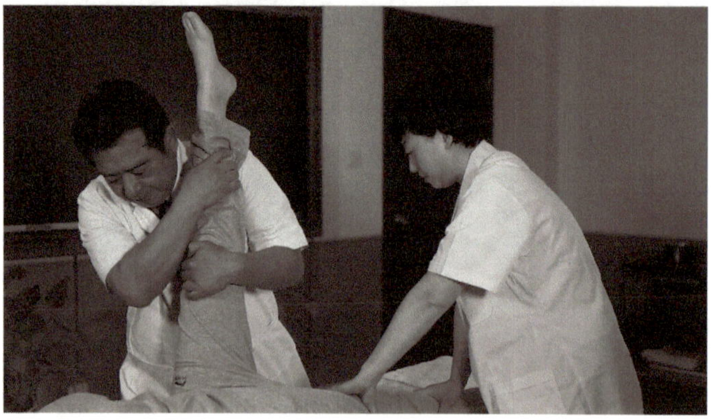

图 1-77　直腿抬高扳法

【注意事项】

➢ 切忌暴力扳动，以防意外事故发生。

➢ 不可强求扳动的弹响声而反复扳动。

➢ 不可超越关节运动的生理活动范围。

➢ 诊断不明确的脊柱外伤或带有脊髓症状、体征者禁用扳法。

➢ 老年人有较严重的骨质增生、骨质疏松者慎用或禁用扳法。

➢ 对于骨关节结核、肿瘤的患者禁用扳法。

【技能训练】

● 人体练习

两人一组，相互操作，练习人体各个关节的扳法，体会扳法“小幅度、快速、寸劲扳动”的动作要领。

四、拔 伸 法

【动作要领】

纵轴方向，牵拉拔伸。

【操作方法】

（一）颈椎掌托拔伸法

➢ 受术者低端坐位。术者站于其侧面。

➢ 术者一手掌心托住受术者下颏部，另一手以张开的虎口托住其枕部。

➢ 以下蹲位起立的力量将受术者头部平稳地向上缓慢拔伸颈椎。

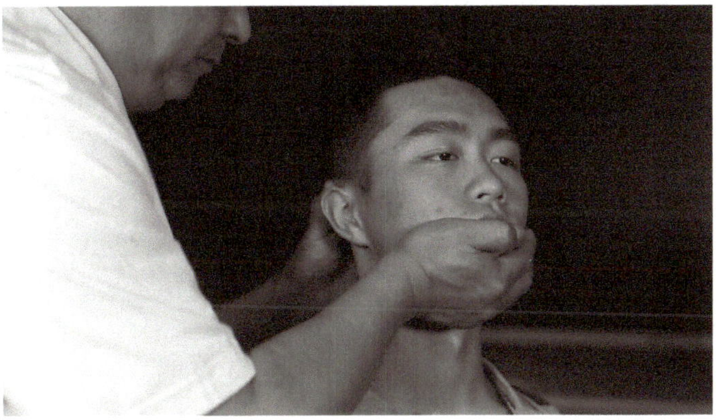

图 1-78　颈椎掌托拔伸法

（二）颈椎托肘拔伸法

➢ 受术者端坐位。术者站于其右侧后方。

➢ 术者一手掌搭在对侧肩部，以肘弯部勾住受术者下颏部将其上抬，另一手以手掌抵住枕部并前推。

➢ 两手协调，以抬肘和推掌的合力将头部平稳地向上拔伸。

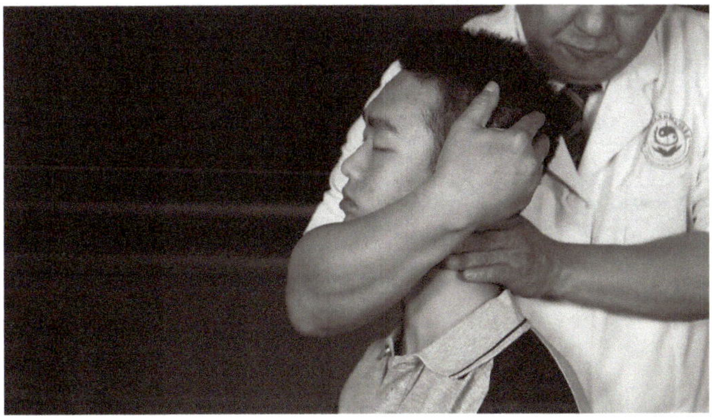

图 1-79　颈椎托肘拔伸法

（三）颈椎仰卧拔伸法

➢ 受术者仰卧位，术者坐或站其头后方。
➢ 术者一手托住受术者后枕部，另一手掌心勾住受术者下颏部。
➢ 两手同时用力拔伸颈椎。

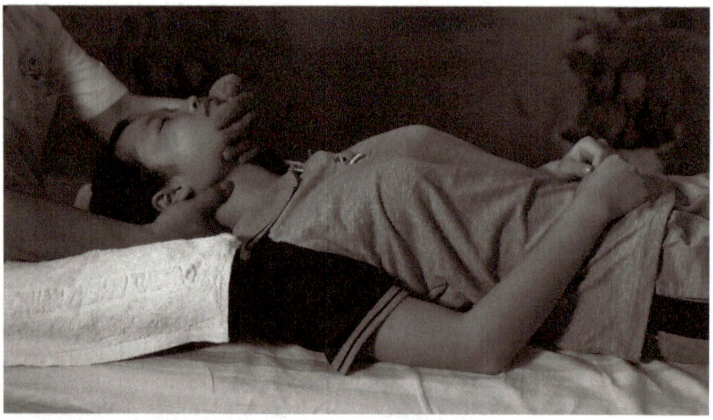

图 1-80　颈椎仰卧拔伸法

（四）肩关节上举拔伸法

➢ 受术者取坐位，术者站在受术者患侧的后方。
➢ 术者双手握住受术者腕部，受术者手掌朝里。
➢ 逐渐向上拔伸患肢至最大限度。

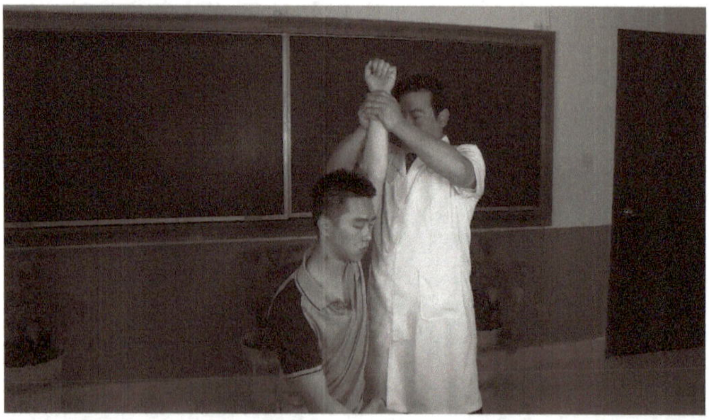

图 1-81　肩关节上举拔伸法

（五）肩关节对抗拔伸法

➢ 受术者取坐位，术者站在受术者一侧。

➢ 术者双手握住受术者腕部和前臂上段。

➢ 引导肩关节外展，逐渐用力牵拉。

➢ 嘱受术者身体向对侧倾斜或由助手协助固定其上半部，以牵拉之力相对抗，拔伸肩关节。

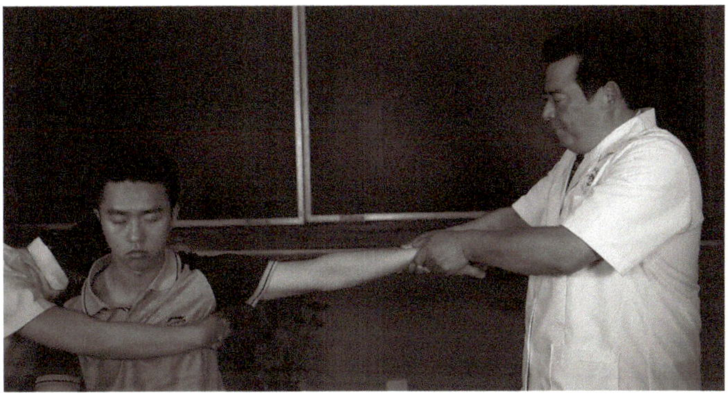

图 1-82　肩关节对抗拔伸法

（六）腰椎拔伸法

➢ 受术者俯卧位，双手抓住床头，或者助手固定其肩部，术者站于其足端。

➢ 术者双手分别握住受术者两个踝部，使小腿部抬离床面约 20°　。

➢ 身体后仰，借助两足蹬力，拔伸其腰部。

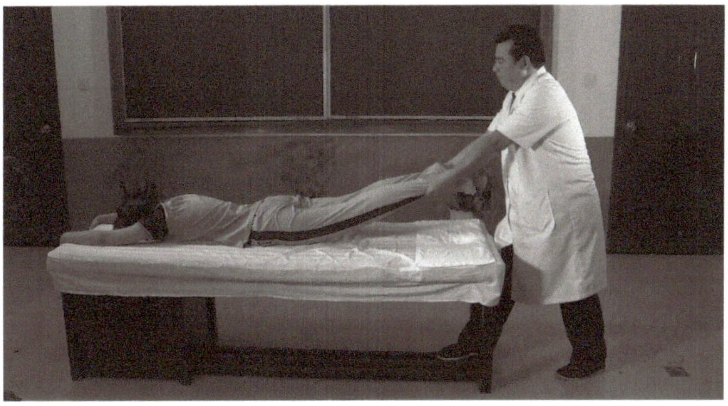

图 1-83　腰椎拔伸法

【注意事项】

➢ 不可以突发性暴力拔伸，以防造成牵拉性损伤。

➢ 拔伸前，被操作关节要充分放松。

➢ 拔伸的力量和时间要以受术者关节生理活动范围和耐受程度而定。

➢ 不可在关节严重疼痛、痉挛较重情况下拔伸。

【技能训练】

● 人体练习

两人一组，相互操作，练习人体各部位的拔伸法，体会拔伸法纵轴方向对抗性牵拉的动作要领。

实训二　复合类手法及其他手法

第 1 节　实训前准备

一、场地准备

推拿实训室。光线充足，通风，室温、湿度适宜，地面干净清洁。

二、物资准备

推拿介质（滑石粉、冬青膏等）、治疗巾、推拿床、圆凳、沙袋等。

三、人员准备

工作服干净整洁，妆面清淡自然，长发束扎，手部清洁，修剪指甲，不佩戴饰物，忌穿高跟鞋。

第 2 节　复合类手法

一、按　揉　法

【动作要领】

垂直按压，水平回旋揉动。

【操作方法】

（一）掌按揉法

- 受术者俯卧位，术者立于一侧。
- 术者以全掌着力，以肩关节为支点，借助身体上半部重量。
- 由轻渐重、由浅而深向下按压腰背部。
- 带动受术部位做小幅度回旋揉动。亦可双掌相叠操作。

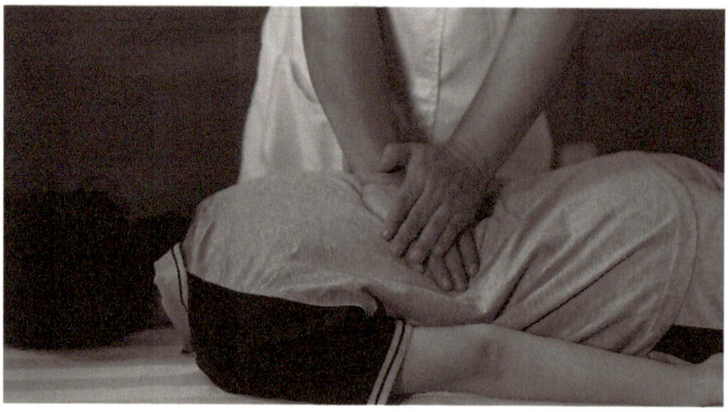

图 2-1　掌按揉法

（二）掌根按揉法

术者以掌根着力，余同掌按揉法。

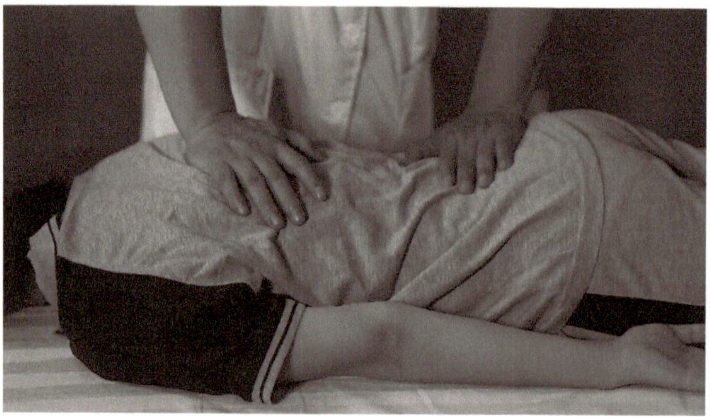

图 2-2　掌根按揉法

（三）肘按揉法

术者肘关节屈曲，以前臂近肘部着力，余同掌按揉法。

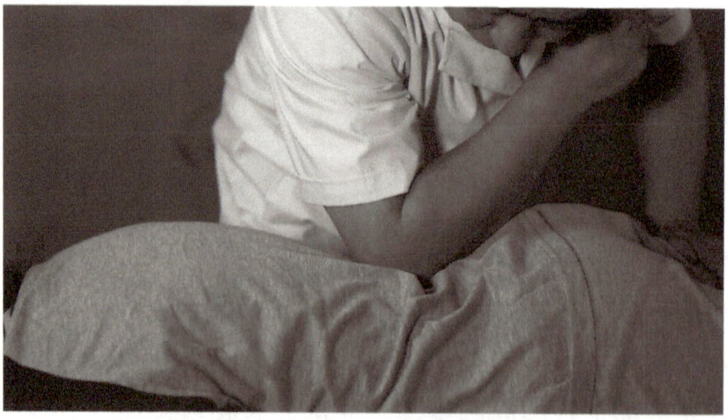

图 2-3　肘按揉法

【注意事项】

➢ 肘按揉法常用于肩颈部等。
➢ 按揉法应沉稳操作，刺激量不宜过重，频率不宜过快。
➢ 肘按揉法要避免肘尖着力。

【技能训练】

● 人体练习
✧ 选中脘、神阙练习掌按揉法。
✧ 选臀中、伏兔练习掌根按揉法。
✧ 选冈上窝、环跳穴、腰骶部练习肘按揉法。

二、掐　揉　法

【动作要领】

拇指指甲着力，边掐边揉。

【操作方法】

➢ 受术者端坐位，术者立于一侧。
➢ 拇指指甲着力在人中穴上，边掐边揉。

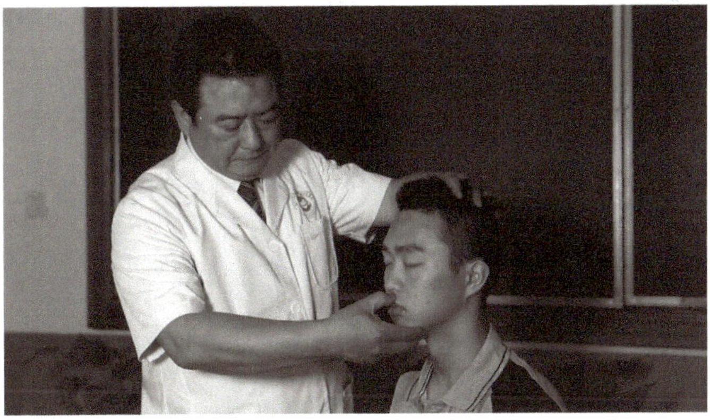

图 2-4　掐揉法

【注意事项】

➢ 用力适中，以稍痛而又柔缓为佳。
➢ 如需较重时，须垫薄布，避免掐破皮肤
➢ 揉的幅度要小而均匀。

【技能训练】

● 人体练习

✧在自身外劳宫、人中、中冲、印堂等穴进行练习。

三、拿 揉 法

【动作要领】

拿而揉之。

【操作方法】

➢术者三指或五指在捏、提的基础上，在颈项部做适度的环转揉动。

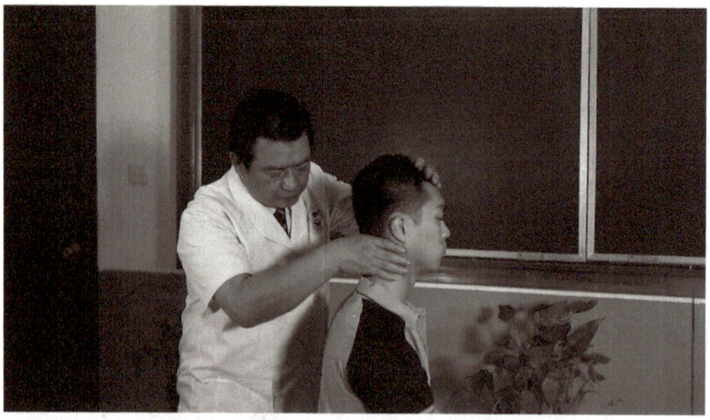

图 2-5 拿揉法

【注意事项】

➢动作自然流畅，不可呆滞僵硬，频率不宜过快。

➢以拿为主，以揉为辅。

【技能训练】

● 人体练习

1. 定点练习

✧选风池穴做定点拿揉练习。

2. 走线练习

✧选颈项、上肢部做单手练习。

✧选下肢后侧做双手练习。

四、搓　揉　法

【动作要领】

夹住肢体，边搓边揉。

【操作方法】

- 受术者端坐位，术者立于一侧。
- 术者双手夹住受术者上肢，边搓边揉。

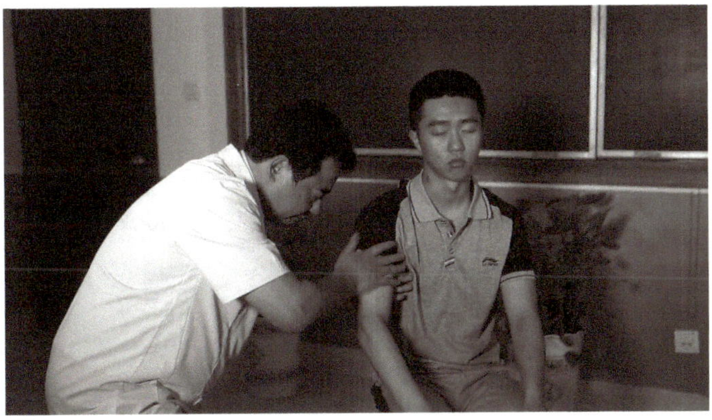

图 2-6　搓揉法

【注意事项】

- 双手用力均匀，移动缓慢。
- 幅度由大渐小，频率由慢到快。
- 以皮肤潮红、微热为度。

【技能训练】

● 人体练习

- 肩部搓揉练习。
- 上肢搓揉练习。
- 小腿腓肠肌搓揉练习。
- 受术者坐位，自腋中线自上而下搓揉练习。

五、弹　拨　法

【动作要领】

拨而弹之，弹而拨之。

【操作方法】

（一）拇指弹拨法

➢ 受术者俯卧位，术者立于一侧。

➢ 术者拇指端放于受术者项部，余四指置于对侧助力。

➢ 沉肩、垂肘、悬腕。

➢ 拇指主动发力，腕关节桡侧高于尺侧并微微旋动和轻度摆动，由慢而快地拨而弹之。

（二）食指弹拨法

➢ 受术者俯卧位，术者立于一侧。

➢ 术者拇指抵于食指远侧指尖关节腹侧面，中指屈曲，二、三指节抵于拇指桡侧缘固定食指。

➢ 食指主动发力，在项部进行操作余同拇指弹拨法。

【注意事项】

➢ 操作轻巧灵活，不要擦破皮肤。

➢ 骨折愈合期，急性软组织损伤者禁用。

【技能训练】

● 人体练习

✧ 在颈项部进行弹拨练习。

✧ 在背部竖脊肌进行弹拨练习。

六、推　摩　法

【动作要领】

拇指紧推慢移，四指跟随摩动。

【操作方法】

➢ 受术者仰卧位，术者立于一侧。

➢ 术者拇指罗纹面或偏锋着力于受术者胸腹部，余四指掌面贴附在一侧。

➢ 拇指按一指禅推法操作，带动四指掌面在一侧摩动。

【注意事项】

➢ 手腕放松，动作配合要协调。

【技能训练】

（一）沙袋练习

1. 定点练习

✧一手拇指着力于沙袋中点，余四指掌面贴附在沙袋中线中段处，双手交替进行定点推摩练习。

2. 走线练习

✧沿沙袋中线进行上下反复往返的推摩练习。

（二）人体练习

1. 定点练习

✧推膻中，摩胸旁；推中脘，摩梁门。

✧推至阳，摩膈俞；推命门，摩肾俞。

2. 走线练习

✧推任脉，摩胃经。

七、勾 点 法

【动作要领】

勾而点之。

【操作方法】

➢ 受术者仰卧位，术者立于一侧。

➢ 术者中指指间关节屈曲，余四指握紧。

➢ 掌指部主动用力，中指端做持续点按风池穴。

【注意事项】

➢ 不可突施暴力。

➢ 施力方向视治疗部位而定。

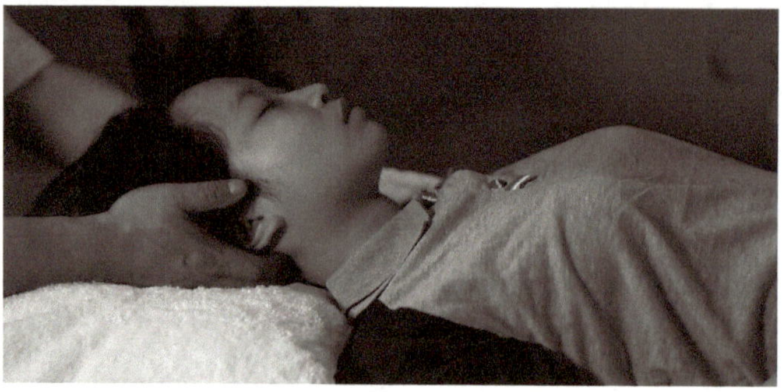

图 2-7 勾点法

【技能训练】

● 人体练习

✧选风池穴做勾点练习。

✧选廉泉穴做勾点练习。

八、扫 散 法

【动作要领】

前臂主动运动，手指轻快擦动。

【操作方法】

➢受术者坐位，术者立于其前方。

➢术者一手按受术者头部一侧固定，另一手拇指置对侧额角，四指并拢置于耳后。

➢前臂主动运动，挺腕，拇指桡侧和余四指指腹在头颞部做快速横向（前后）擦动，两侧交替进行也可两侧同时操作。

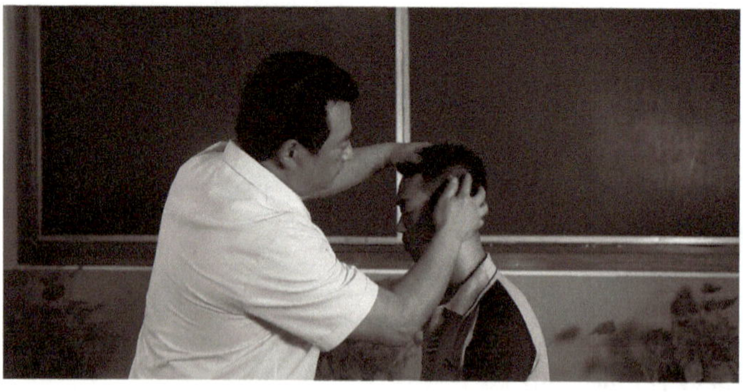

图 2-8 扫散法

【注意事项】

➢ 腕关节保持一定的紧张度，前臂主动运动。
➢ 指甲不可触及头皮。

【技能训练】

● 人体练习
✧ 在头部进行扫散法练习。

九、揉　捏　法

【动作要领】

捏而揉之，揉而捏之。

【操作方法】

➢ 受术者端坐位，术者立于一侧。
➢ 术者拇指与其余四指指腹面对捏颈项部。
➢ 指、掌与前臂主动运动，带动腕关节做轻度旋转运动。
➢ 拇指与四指对合施力，有节律的捏而揉之，揉而捏之。
➢ 揉时以拇指为主，捏时以四指为主。

【注意事项】

➢ 用力适中，避免过度轻柔和使用拙力。
➢ 指掌部为主要发力部位，腕、肘关节依次为发力支点。
➢ 以指腹或罗纹面着力，忌用指端。

【技能训练】

● 人体练习
✧ 在人体颈项部进行揉捏练习。
✧ 在人体大腿部进行揉捏练习。

第3节 其他手法

一、理　法

【动作要领】

节律性握捏。

【操作方法】

- 受术者俯卧位，术者立于一侧。
- 术者一手持受术者下肢远端，另一手拇指与余指及手掌部握住其近端。
- 指掌部主动施力，做一松一紧的节律性握捏，并循序由近端移向远端。
- 两手交替操作，也可反向操作。

【注意事项】

- 均衡施力，体现“握”和“捏”两种力量。
- 频率稍快，要有节律性。

【技能训练】

● 人体练习

✧ 在人体上肢部、下肢部进行练习。

二、梳　法

【动作要领】

手指梳理，形如梳头。

【操作方法】

- 受术者端坐位，术者立于一侧。
- 术者五指自然展开微屈以罗纹面置于受术者前发际处。
- 前臂主动运动，带动五指做单向滑动梳理。

【注意事项】

- 腕部放松，前臂为动力源。

➢ 动作协调自然，避免指部单纯用力。

【技能训练】

● 人体练习

✧ 在人体头部进行练习。

✧ 在人体胁肋部进行练习。

三、拂 法

【动作要领】

轻快的擦掠。

【操作方法】

➢ 受术者俯卧位，术者立于一侧。

➢ 术者手指伸直，以四指罗纹面置于受术者腰背部。

➢ 前臂主动运动，带动手指在体表做轻快的擦掠，状如拂尘。

【注意事项】

➢ 操作时手法轻快，轻则指部不能用力，不能带动皮肤及皮下组织。快指略快，不能太快，如拂尘而不扬。

➢ 指部不可施力。

【技能训练】

● 人体练习

✧ 在人体胸腹部进行练习。

✧ 在人体腰背部进行练习。

四、插 法

【动作要领】

以手指插入肩胛骨与胸壁间。

【操作方法】

➢ 受术者坐位，肩背部放松。术者立于其身后。

➤术者一手的食指、中指、无名指、小指四指并拢伸直，用指尖部从肩胛骨内侧下缘沿肩胛骨与肋骨之间向该侧肩峰方向插入。

➤另一手扶住受术者该侧肩部，并向后内下方按压，两手做相反方向用力，使指尖插入肩胛骨与肋骨之间约 2 ～ 3cm 左右，持续 1 分钟左右，然后缓缓将手收回，如此重复 2 ～ 3 次。

【注意事项】

➤术者要用左手插受术者右肩胛骨，用右手插受术者左肩胛骨。

➤术者注意修剪指甲，勿伤受术者皮肤。

【技能训练】

● 人体练习

✧在人体肩胛部进行练习。

五、托　　法

【动作要领】

徐徐赶动、上托。

【操作方法】

➤受术者仰卧位，术者立于一侧。

➤术者食指、中指、环指、小指并拢伸直，以罗纹面和小鱼际着力于下垂的胃底部，腕关节背伸。

➤以肘为支点，前臂主动施力，使着力面向下深按于下垂的胃底部，并随受术者深呼气向上徐徐赶动。

【注意事项】

➤配合受术者的呼吸进行。受术者深呼气时，开始用力赶动、上托，吸气时停止操作。

➤循逆时针方向上托，呈波浪式用力。

【技能训练】

● 人体练习

✧在人体腹部、胃脘部进行练习。

实训三　踩跷法训练

第1节　实训前准备

一、场地准备

踩跷实训室。光线充足，通风，室温、湿度适宜，地面干净清洁。

二、物资准备

治疗巾、浴巾、踩跷床、杆架的安全检查。

三、人员准备

工作服干净整洁，妆面清淡自然，长发束扎，手部清洁，修剪指甲，不佩戴饰物，忌穿高跟鞋，足部清洁。

第2节　踩　跷　法

一、脚　压　法

【动作要领】

垂直用力下压。

【操作方法】

- 受术者俯卧于踩跷床上。
- 术者两手握杠，先以上肢支撑体重，全脚踩踏于受术者腰背部，重心逐渐前移用足掌下压，或重心后移用足跟下压。

【注意事项】

- 施术过程中，术者要自然呼吸，不要屏气。

➢ 通过双臂支撑来控制下压力的大小，用力要平稳，由轻及重、由浅而深。

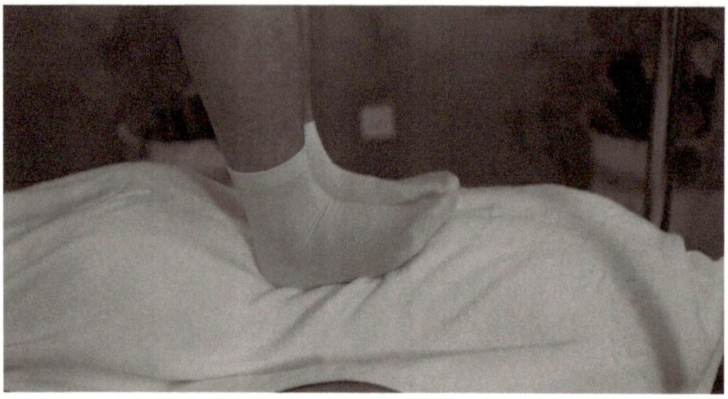

图 3-1　脚压法

【技能训练】

● 人体练习

✧ 在人体腰背部进行练习。

✧ 在人体大腿部进行练习。

二、脚　点　法

【动作要领】

垂直向下点压。

【操作方法】

➢ 受术者俯卧于踩跷床上。

➢ 术者两手握杠，以上肢支撑体重，用足趾端垂直向下点压承扶穴位。

➢ 可持续点或间歇点。

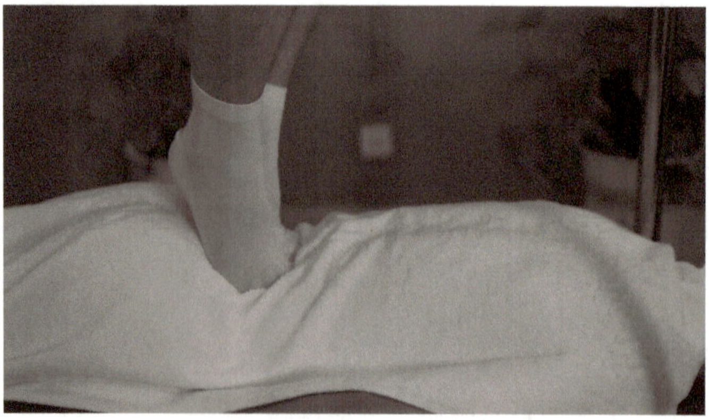

图 3-2　脚点法

【注意事项】

➢ 用力逐渐加重，忌用暴力，以受术者得气为度。

➢ 间歇点随呼吸进行（呼气时点而吸气时减力抬起），频率约为每分钟 10 次左右。

【技能训练】

● 人体练习

✧ 在人体腰背部进行持续点练习。

✧ 在人体胸腹部进行间歇点练习。

三、脚　揉　法

【动作要领】

吸定做回旋揉动。

【操作方法】

➢ 受术者俯卧于踩跷床上。

➢ 术者双手握杠，以单侧或双侧的脚跟、脚掌或足趾着力吸定揉动腰背部。

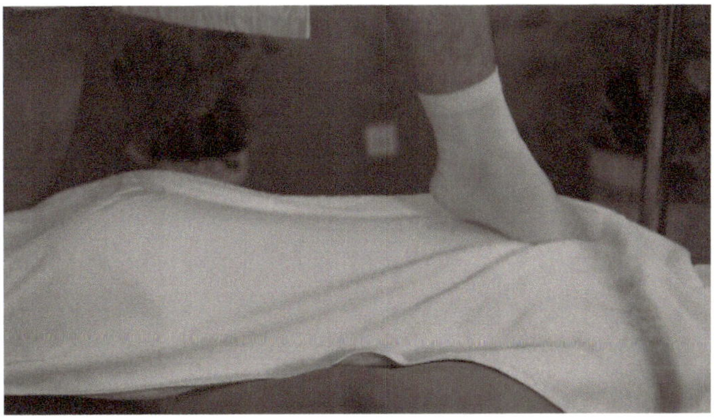

图 3-3　脚揉法

【注意事项】

➢ 揉动的幅度应由小到大，用力由轻渐重。

➢ 通过双臂支撑来控制下压力的大小。

➢ 术脚接触部位要吸定，带动皮下组织环旋揉动，不得在皮肤表面摩擦或滑动。

【技能训练】

● 人体练习

✧ 在人体腰背部进行练习。

✧ 在人体大腿部进行练习。

实训四　人体各部位推拿操作训练

第 1 节　实训前准备

一、场地准备

推拿实训室。光线充足，通风，室温、湿度适宜，地面干净清洁。

二、物资准备

推拿介质（滑石粉、冬青膏等）、治疗巾、推拿床、圆凳等。

三、人员准备

工作服干净整洁，妆面清淡自然，长发束扎，手部清洁，修剪指甲，不佩戴饰物，忌穿高跟鞋。

第 2 节　头　面　部

一、推前额法

【操作方法】

- 受术者仰卧，术者坐于其头端。
- 术者一手固定头部，另一手拇指螺纹面着力于印堂处，余四肢固定颞部。
- 从印堂穴直推至神庭穴。也可双手拇指交替直推。反复操作 10 ~ 20 遍。

【技能训练】

● 人体练习

✧在人体前额进行练习。

二、分抹前额法

【操作方法】

➢受术者仰卧，术者坐于其头端。

➢术者双手拇指螺纹面置于额部正中，其余四指固定于头部两侧。

➢双手拇指同时从额部正中向两边分抹。也可用大鱼际着力。反复操作，5 ~ 8 次。

【技能训练】

● 人体练习

✧在人体前额进行练习。

三、一指禅推眼周法

【操作方法】

➢受术者仰卧，术者坐于其头端。

➢术者一手扶头，一手拇指偏峰着力于一侧睛明穴。

➢从睛明穴沿上眼眶向外推至目外眦，再沿下眼眶经目内眦推至另一侧睛明，再沿此侧上眼眶向外，下眼眶向内的顺序作“∞”字环形推。往返 3 ~ 5 遍。

【技能训练】

● 人体练习

在人体眼周进行练习。

四、振耳法

【操作方法】

➢受术者仰卧，术者在头侧用两手掌分别按住受术者两耳孔或将受术者耳廓自后向前压倒堵住耳孔。

➢两手掌作有节奏地快速振动，受术者耳中可感觉嗡鸣声，然后松开。亦可用两手食指或中指插入受术者耳孔振动，松紧适度。可反复操作 2 ~ 3 遍。

【技能训练】

● 人体练习

在人体耳部进行练习。

五、拿头法（拿五经法）

【操作方法】

➤ 受术者仰卧，术者坐于其头端。

➤ 术者一手扶住其头部，一手五指分开，用指面着力抓住其头部，中指居正中，余四指分置于两侧太阳、少阳经。

➤ 掌指关节屈伸带动手指，如鹰爪状抓拿头部五经，一抓一放，从前额缓慢向后移至风池。反复操作 5 ～ 8 遍。

【技能训练】

● 人体练习

在人体头部进行练习。

六、揉太阳穴法

【操作方法】

➤ 受术者仰卧，术者坐于其头端。

➤ 术者以拇指或中指螺纹面着力于受术者两侧太阳穴。

➤ 相对用力作环旋揉动 1 ～ 3 分钟。

【技能训练】

● 人体练习

在人体太阳穴进行练习。

七、头部叩击法

【操作方法】

➤ 受术者仰卧，术者坐于其头端，

➤ 术者双手五指弯曲，以指端着力于头部，腕关节放松，通过腕的连续摆动，带动指端轻快叩击整个头部。

【技能训练】

● 人体练习

在人体头部进行练习。

第 3 节 颈 项 部

一、拿揉风池法

【操作方法】

➢ 受术者坐位，术者位于其后方。

➢ 术者一手扶其头前部，另一手拇指、食指、中指指腹着力，相对用力拿揉风池穴 3 ～ 5 分钟。

【技能训练】

● 人体练习

在人体风池穴进行练习。

二、勾揉风池法

【操作方法】

➢ 受术者仰卧位，术者坐于其头端。

➢ 术者双手中指或食指微屈，用指腹着力，向上用力勾住风池穴并揉动 2 ～ 3 分钟。

【技能训练】

● 人体练习

在人体风池穴进行练习。

三、拿揉颈项法

【操作方法】

➢ 受术者坐位，术者位于其后方。

➢ 术者一手扶其前头部，另一手拇指和食、中、环指指腹对称施力，从风池穴向下缓缓拿揉至项根部，反复操作 5 ～ 8 遍。

【技能训练】

● 人体练习

在人体颈项两侧风池至项根进行练习。

四、擦颈项法

【操作方法】

➢ 受术者坐位，术者位于其侧后方。

➢ 术者一手扶其头部，另一手用小鱼际擦法或掌背擦法从一侧肩部向上擦至风池穴，左右相同，再从后方正中颈根部擦至风池穴，反复操作 5 ～ 8 遍。

【技能训练】

● 人体练习

在人体颈项部进行练习。

五、提拿肩井法

【操作方法】

➢ 受术者坐位，术者位于其后方。

➢ 术者以双手食、中、环指着力于肩井穴，与掌根相对用力提拿肩井部肌筋 3 ～ 5 遍。

【技能训练】

● 人体练习

在人体肩井穴进行练习。

六、推桥弓法

【操作方法】

➢ 受术者坐位，受术者位于其后方。

➢ 术者用一手固定其头部，另一手大拇指指腹或大鱼际着力，从翳风穴向下推向缺盆穴，左右相同，反复操作 10 ～ 20 遍。

【技能训练】

● 人体练习

在人体翳风穴至缺盆穴一线进行练习。

第 4 节　胸腹部推拿

一、分推抹前胸法

【操作方法】

➢ 受术者仰卧，术者站其头部。
➢ 术者双手全掌着力，两拇指并列置于胸骨柄处，余指朝向腹部。
➢ 双手掌下推，至剑突处分抹向两边。
➢ 双手小指达腋前线时，双掌沿侧胸回抹至原位。

【技能训练】

● 人体练习
➢ 走线练习

胸骨柄→剑突，分抹向两边→胸骨柄，做分推抹前胸。

二、双掌摩腹法

【操作方法】

➢ 受术者仰卧位，暴露腹部或只穿内衣。术者坐或站位于受术者右侧。

➢ 双手平掌着力，紧贴术者体表。顺时针操作时，左手始终贴于腹部环转不起手，右手从左手尺侧落下随左手环转近一圈，在从左手桡侧落下。逆时针操作时，双手同上述操作相反。

【技能训练】

● 人体练习
➢ 走线练习

在腹部顺时针或逆时针的环形摩动。

三、掌振小腹法

【操作方法】

- 受术者仰卧，术者站其一侧。
- 一手掌面或叠掌着力于脐下振动小腹部 1 分钟左右。

【技能训练】

- 人体练习

脐下小腹进行单掌或叠掌振法。

四、按旋搓摩胁肋法

【操作方法】

- 受术者坐位，术者位于其后侧。
- 术者以两掌贴附于受术者两胁腋部，交替按旋搓摩至天枢处。
- 按旋搓摩动作灵活、连贯，上下移动易慢。

【技能训练】

- 人体练习

两手掌从两胁腋下搓摩至天枢。

五、点按中脘法

【操作方法】

- 受术者仰卧位，术者站其一侧。
- 术者用一手拇指或中指指端着力点按中脘穴 1 ～ 2 分钟。

【技能训练】

- 人体练习
- 定点练习

一手拇指或中指指端点按中脘穴。

六、抖揉腹壁法

【操作方法】

➢ 受术者仰卧位。术者站其一侧。
➢ 术者用拇指和食、中两指抓住肚脐抖揉。

第5节 腰 背 部

一、叩击肩背法

【操作方法】

➢ 受术者俯卧位，术者站其一侧。
➢ 术者双手握空拳，拳心相对。以拳的小鱼际和小指部交替击打肩背部1～2分钟。

【技能训练】

● 人体练习

双手叩击肩背部。

二、横擦背部法

➢ 受术者俯卧位，暴露背部。术者站其一侧。
➢ 术者用一手全掌或大、小鱼际着力于受术者背部上界。
➢ 横向快速擦动，透热为度，缓慢下移，至肩胛下角水平线处止。

【技能训练】

● 人体练习

用一手全掌或大、小鱼际着力横擦背部。

三、掌擦膀胱经法

【操作方法】

➢ 受术者俯卧位，暴露背部。术者站其头侧右端。
➢ 术者左手扶肩或腰骶部，手掌部着力膀胱经线路，向下直擦至腰骶部，透热为度。

【技能训练】

● 人体练习

从大杼穴向下直擦至腰骶部。左、右侧同法，透热为度。

四、擦腰骶法

【操作方法】

- 受术者俯卧位，暴露腰骶部。术者站其一侧。
- 术者一手鱼际着力，左右来回横擦腰骶部 1 ～ 2 分钟，透热为度。

【技能训练】

● 人体练习

术者小鱼际横擦腰骶部，透热为度。

第 6 节　上　肢　部

一、搓肩及上肢法

【操作方法】

- 受术者端坐位，术者站其一侧肩外侧。
- 术者双手分别置于其肩前后，呈对抱状。
- 双手搓揉肩部，后顺势而下搓上肢，快搓慢移。

【技能训练】

● 人体练习

双手搓揉肩部，下搓上肢。

二、动肘按曲池法

【操作方法】

- 受术者端坐位，术者站于操作侧，面向受术者。
- 一手托其肘部，并用拇指按于曲池穴，另一手握其腕部，将其前臂做连续屈伸动作。

【技能训练】

● 人体练习

受术者端坐位或仰卧位，术者对其一侧肘部进行动肘按曲池法。

三、抖 上 肢

【操作方法】

➢ 受术者端坐位，术者位于其一侧。
➢ 术者双手握住其腕部，双拇指并按于腕背上。
➢ 将上肢向前外侧抬起60° 左右，做小幅度、连续的、频率较高的上下快速抖动。

【技能训练】

● 人体练习

受术者端坐位，对其一侧上肢进行抖法，将抖动波传至肩部。

四、拿肩及上肢

【操作方法】

➢ 受术者坐位，术者站其一侧。
➢ 术者一手握住其腕部，使上臂外展抬高约 60° ，肘关节微曲放松。
➢ 另一只手拇指及四指相对，对其肩部进行拿法，顺下对上肢进行拿法。

【技能训练】

● 人体练习

受术者坐位或仰卧位。对一侧肩部及上肢进行拿法。

五、搽 肩 部

【操作方法】

➢ 受术者坐位，术者站其一侧。
➢ 术者一手握住其肘部，使上臂外展抬高约 60° ，肘关节微曲放松。
➢ 另一只手，对其肩部前、中、后部进行搽法。

【技能训练】

● 人体练习

受术者坐位。对其一侧肩部前、中、后部进行㨰法。

第7节　下　肢　部

一、揉环跳法

【操作方法】

➢ 受术者俯卧位，术者站其侧方。
➢ 用拇指揉或肘揉法，在环跳穴部进行顺时针或逆时针揉法操作。

【技能训练】

● 人体练习

用拇指揉或肘揉法，在环跳穴部揉法操作

二、擦膝眼法

【操作方法】

➢ 受术者仰卧，被操作膝关节微屈。术者站其一侧。
➢ 术者以单手小鱼际或大鱼际擦法对膝眼进行操作，透热为度。

【技能训练】

● 人体练习

单手小鱼际或大鱼际擦膝眼。

三、下肢平推法

【操作方法】

➢ 受术者仰卧位或俯卧位，被操作下肢伸直。术者站其一侧。
➢ 术者用一手平掌推法，根据体位选择下肢的外、前、内、后部位进行操作，自上而下反复平推。

【技能训练】

● 人体练习

术者用一手平掌推法，对下肢的外、前、内、后根据体位进行选择操作。

四、叩击小腿外侧法

【操作方法】

➤ 受术者健侧卧位，被操作侧屈曲。术者站其侧方。

➤ 术者双手握空拳，拳心相对，以拳的尺部交替击打小腿外侧。

【技能训练】

● 人体练习

双手拳叩交替击打小腿外侧。

五、拿下肢后侧

【操作方法】

➤ 受术者俯卧位，术者站于其一侧。

➤ 术者用双手四指并置于其下肢内侧，双拇指置于对应外侧，自上而下拿捏下肢后侧。

【技能训练】

● 人体练习

双手拿下肢后侧。

实训五　人体各部位操作组合训练

第 1 节　实训前准备

一、场地准备

推拿实训室。光线充足，通风，室温、湿度适宜，地面干净清洁。

二、物资准备

推拿介质（滑石粉、冬青膏等）、治疗巾、推拿床、圆凳等。

三、人员准备

工作服干净整洁，妆面清淡自然，长发束扎，手部清洁，修剪指甲，不佩戴饰物，忌穿高跟鞋。

第 2 节　头面部操作组合训练

【技能训练】

● 人体练习

受术者仰卧位，术者坐于其头端。推抹印堂至神庭→大鱼际揉前额→指揉印堂→一指禅推前额→分推印堂至太阳→揉太阳→捏眼眶→点按眼周腧穴→轻抹眼眶→点揉迎香，推抹鼻翼至颧髎→点按下关、颊车→推少阳→勾揉风池→拿揉颈项部→擦头侧→搔头→提头皮→击头→揉耳→振耳→梳理头→结束。

适应证：头昏，头痛，失眠，面瘫及头面部保健（图 5-1）。

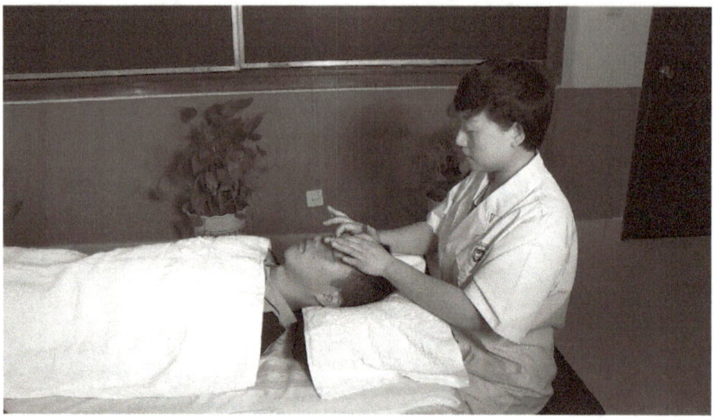

图 5-1　头部操作组合

第 3 节　颈项部操作组合训练

【技能训练】

● 人体练习

受术者坐位，术者站其后侧。拿揉颈项→点揉风池、安眠、颈根穴→拨颈肌→一指禅推颈项部→擦颈部→摇头部→斜扳颈部→叩击颈肩背部→结束。

适应证：落枕，颈椎病，颈部肌肉劳损及颈项部保健（图 5-2）。

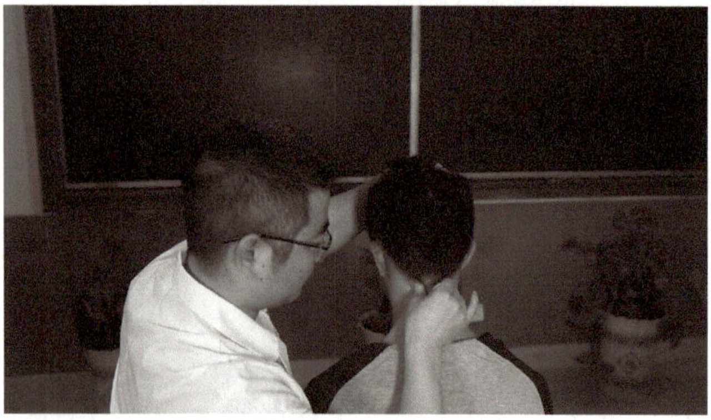

图 5-2　颈部操作组合

第 4 节　上肢部操作组合训练

【技能训练】

● 人体练习

受术者卧位或坐位，术者立其侧方。推上肢→拿揉上肢→拨上肢→点上肢腧穴→擦肩部→摇肩部→擦上肢→搓上肢→抖上肢→分抹手背、手心→捻五指→结束。

适应证：肩周炎，上肢疼痛，上肢麻木及上肢保健等（图 5-3）。

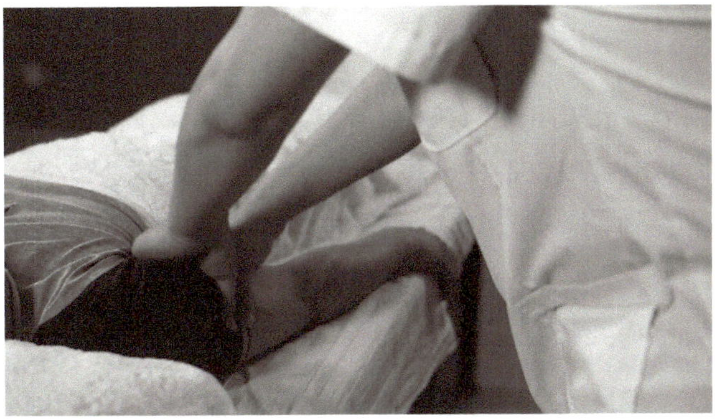

图 5-3　上肢部操作组合

第 5 节　胸腹部操作组合训练

【技能训练】

● 人体练习

受术者仰卧位，术者先立于其头侧。分推抹前胸部→梳肋间法→点按中府、云门、上脘、中脘、下脘、气海、关元→双掌摩腹法→腹部振法→抖揉腹壁法→腹部推抹法→结束。

适应证：咳嗽，胸闷，气紧，胸痛，便秘，肥胖及胸腹部保健等（图 5-4）。

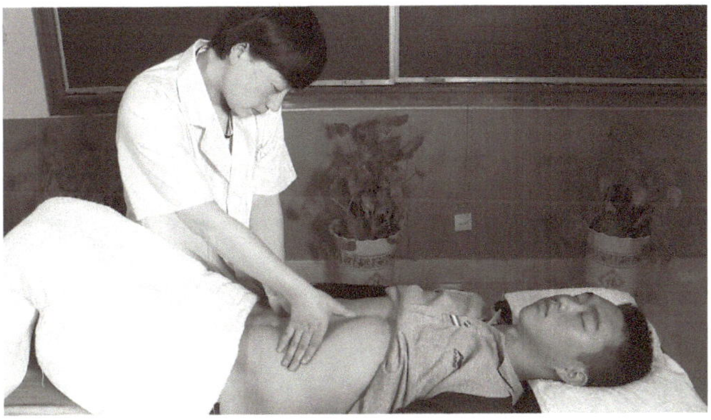

图 5-4　胸腹部操作组合

第6节　腰背部操作组合训练

【技能训练】

● 人体练习

受术者俯卧位，术者立其一侧。后背部推抹→分推背腰部→揉背部肌肉→㨰腰背部→弹拨背部肌肉→点按华佗夹脊穴→点按肾俞，擦命门→一指禅推背部膀胱经→捏脊→擦八髎→叩击背腰部→直推背腰部→腰部扳法→结束。

适应证：腰背疼痛及腰背部保健（图5-5）。

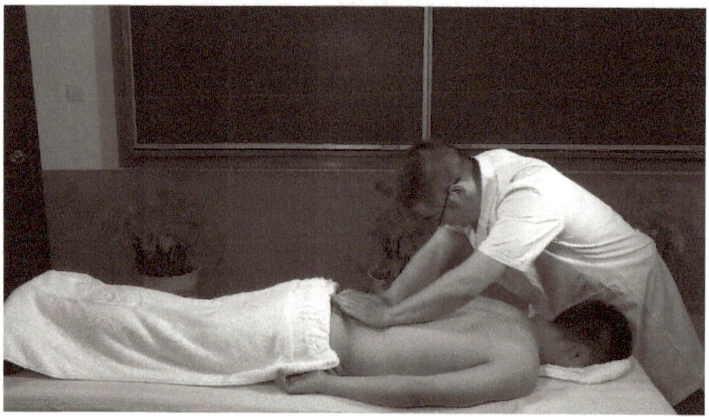

图5-5　腰背部操作组合

第7节　下肢部操作组合训练

【技能训练】

● 人体练习

（1）受术者仰卧位，术者立其一侧。分抹下肢→拿揉大腿肌群→弹拨腿外侧→点按足三里、膝眼→揉搓膝周→㨰大腿、小腿肌肉群→活动髋关节、膝关节→叩击下肢→活动踝关节→抖下肢→结束。

（2）受术者俯卧位，术者立其一侧。直推下肢→揉下肢后侧→㨰下肢后侧→拿揉下肢后侧→弹拨下肢→掌根击环跳→点下肢腧穴→叩击下肢→捶击足底→理下肢→结束（图5-6）。

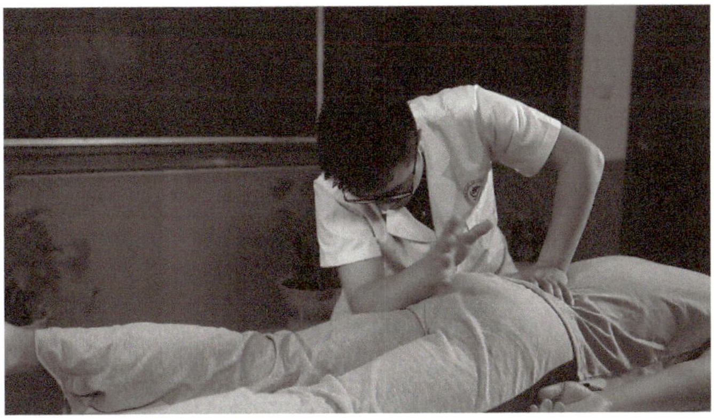

图 5-6　下肢部操作组合

参考文献

那继文 .2013. 推拿手法 . 第 2 版 . 北京：人民卫生出版社
张美林 .2015. 推拿学. 北京：中国中医药出版社
赵毅，季远 .2013. 推拿手法学 . 北京：中国中医药出版社